文化名家暨"**四个一批**"人才资助项目
中国社会科学院学科建设"**登峰战略**"计划资助

颠覆性创新的
机理性研究

李 平/著

Study on Mechanism of
Disruptive Innovation

经济管理出版社
ECONOMY & MANAGEMENT PUBLISHING HOUSE

图书在版编目（CIP）数据

颠覆性创新的机理性研究/李平著. —北京：经济管理出版社，2017.12
ISBN 978-7-5096-5775-1

Ⅰ.①颠… Ⅱ.①李… Ⅲ.①企业管理—技术革新—研究—世界 Ⅳ.①F279.1

中国版本图书馆 CIP 数据核字（2017）第 323908 号

组稿编辑：杨国强
责任编辑：杨国强 张瑞军
责任印制：黄章平
责任校对：张晓燕

出版发行：经济管理出版社
　　　　　（北京市海淀区北蜂窝 8 号中雅大厦 A 座 11 层　100038）
网　　址：www. E-mp. com. cn
电　　话：(010) 51915602
印　　刷：三河市延风印装有限公司
经　　销：新华书店
开　　本：720mm×1000mm/16
印　　张：11.75
字　　数：138 千字
版　　次：2017 年 12 月第 1 版　 2017 年 12 月第 1 次印刷
书　　号：ISBN 978-7-5096-5775-1
定　　价：48.00 元

序　言

　　回顾人类经济社会发展历史，经济学理论和经济发展史学研究均表明，技术创新而非要素投入的增加，是经济增长的源泉。在所有技术创新活动中，颠覆性创新可以说是创造力国度中"皇冠上的明珠"，它不仅是引领新科技发展的关键力量，而且一旦出现并得到广泛应用，往往对整个社会产生革命性影响。

　　美国学者克里斯坦森（Clayton Christensen）提出的"颠覆性创新"（Disruptive Innovation），便是这样一个具有特定内涵的概念。具体而言，"颠覆性创新"指的是这样一种创新活动：它通过创造一个新的市场和价值网络，打破现有的市场和价值网络，取代现有市场中的领先企业和产品。与颠覆性创新相对应的概念是渐进性创新，后者指通过改良和完善现有技术以提升主流市场产品性能的创新活动，这一活动不会破坏现有市场和价值网络，而是不断强化现有的市场规则和竞争态势。传统意义上，在技术创新和产业发展的进程中，颠覆性创新和渐进性创新交替进行，并且通常以渐进性创新作为常态，以颠覆性创新作为偶然事件。但在技术变革速度加快的时代，新的技术突破以及产业化应用的周期都在不断缩短，以大数据、生物、脑科学、新能源、量子通信、智能制造等为代表的产业领域不断出现新的突破，彼此间交叉融合的趋势不断加强。在这一背景下，颠覆性创新逐渐成为新科技革命的典型特征。颠覆性创新出现的频率不断提高，对社会发展的革命性影响力逐渐为各方所重视，成为各国企业和政府关注的焦点。

自改革开放以来，我国保持了年均9%的高速经济增长，技术进步在经济增长中的贡献率不断提高，部分领域已经从"跟跑"走向"并跑"，少数领域甚至实现了"领跑"。同时，随着教育和科研投入的不断增加，科技人力资源的总量、质量不断提高，结构不断改善，技术创新活动正处于从量变到质变、从单点突破走向"全面开花"的关键时期，正是颠覆性创新"能作为""应作为""大作为"的重要机遇期。

在实施创新驱动发展战略的大背景下，促进颠覆性创新技术发展具有特别重要的意义。2008年全球金融危机爆发之后，世界各国都在调整自身的发展战略，以应对变化的国际竞争格局。各主要发达国家战略调整的核心是加大对科技创新的投入力度，抢占科技创新的制高点，尤其是通过推动颠覆性创新技术来构建新的竞争优势。以习近平总书记为核心的党中央审时度势，制定了我国建设世界科技强国"三步走"的总体目标，为我国科技事业的发展指明了方向。习近平总书记在中共十九大报告中指出，创新是引领发展的第一动力，是建设现代化经济体系的战略支撑，要瞄准世界科技前沿，强化基础研究，实现前瞻性基础研究、引领性原创成果重大突破，在实施国家重大科技项目的过程中，要突出关键共性技术、前沿引领技术、现代工程技术、颠覆性技术创新。能否有效推动颠覆性创新技术的发展，事关我国能否顺利实现"三步走"的战略目标，事关我国经济的转型升级能否顺利推进，事关"中国奇迹"能否再续。

推动颠覆性技术创新的发展，既是一个重要的理论研究课题，同时也是一个实践难题。在颠覆性创新日益成为科技进步、产业发展的重要引导力量的时代背景下，李平的《颠覆性创新的机理性研究》一书可谓生逢其时。本书不仅对颠覆性创新的规律进行了研究，而且对人工智能、特斯拉、SpaceX、纳米技术等不同时代、不同类型的颠覆性创新案例进行了深入分析，同时提出了促进颠覆性创新的政策建议。其中，既有作者对新时代我国科技创新产业发展经验的反思性总结，也包含了在大量客观规律和实践经验基础上做出的前瞻性判断。这使得本书不仅能够为政府部门推动颠覆性创新提供重要的借鉴，而且对于从事颠覆性创新研究的学者来说也是非常重要的参考资料。

2018 年 3 月

目　录

第一章
颠覆性技术创新的规律性研究

颠覆性技术创新是后发国家和后发企业实现技术赶超及产业赶超的主要机制。每次技术革命都形成了与颠覆性技术创新相适应、相匹配的技术经济范式，而每次技术经济范式的变革都伴随着后发国家的赶超和一批新的世界一流企业的涌现。因此，在新一轮科技革命和产业革命的背景下研究颠覆性技术创新的机理和规律，对于深化我国创新驱动发展和后发赶超问题研究具有重要的意义。

第一节　颠覆性技术创新的内涵和特征

一、颠覆性技术创新的理论内涵

在关于颠覆性技术创新理论的早期研究中，学者们关注的重点是颠覆性创新的概念界定以及与其他创新类型的辨析。与颠覆性创新相关的概念有破坏式创新、突破式创新、爆破式创新、不连续性创新、激进式创新、革命性创新、创造性创新、关键性创新。从政府（政策）的角度看，中文"颠覆性技术创新"对应的英文概念是"Breakthrough Innovation"（突破式创新）或"Revolutionary Innovation"（革命性创新）。

克里斯坦森（1997）[①] 提出的"Disruptive Innovation"（颠覆性创新）是一个具有特定管理学内涵的学术概念，颠覆性创新是通过创造一个新的市场和价值网络而打破现有的市场及价值网络，并取代现有市场中的领先企业和产品。克里斯坦森还认为，并不是所有的创新都能叫作颠覆性创新，即使突破性技术革命也并不能算作颠覆性创新。例如，19 世纪晚期出现的第一台汽车并不是一种颠覆性创新，因为这些早期的汽车可以说是价格高昂的奢侈品，它并没有破坏马车的市场。直到 1908 年福特 T 型车的首次出现冲击了传统的交通运输市场，这种价格低廉并且可以大规模生产的汽车是对过去价格高昂汽车市场的一次颠覆性创新，它改变了交通工具市场的格局。又如 Uber 和 Tesla，尽管它们确实在很大程度上改变了传统的打车和汽车市场，但这并不能算作颠覆性创新。Tesla 制造了大量的新型车，但它既没有解决现有车辆遇到的问题，也没有比这些车价格更低，因此并不能算作颠覆性创新。颠覆性创新往往出现在行业外的企业，而并不是出现在行业内的领导企业。由于既有的领导企业通常将管理的焦点放到与现有竞争者的竞争中，使得行业内领导企业很难从自身持续创新的工作中转移资源而投入到颠覆性创新中，因此在位领导企业常常成为颠覆性创新的发起

---

① Christensen C. M. The Innovator's Dilemma: When New Technologies Cause Great Firms to Fail [M]. Boston, MA: Harvard Business School Press, 1997.

者。相对于渐进式创新、革命性创新，颠覆性创新比传统开发创新的方法需要更长的商业化周期，承担更高的风险。但是，颠覆性创新产品一旦被投放到市场中，将会对现有市场产生深入的渗透率和快速深远的影响。例如，无人驾驶的智能汽车，尽管在外观上与传统汽车没有太大区别，只是改变了驱动方式和安装了网络和传感器，但无人驾驶的智能汽车通过数字化驱动、智能分析提高了交通出行效率，大大降低了交通事故率，改变了原有的商业模式和市场竞争格局，因此，无人驾驶的智能汽车是典型的颠覆性技术创新。可见，克里斯坦森不是从技术本身的突破性程度，而是从技术创新对既有市场的颠覆程度来界定颠覆性技术创新的。

判断一项创新是否是颠覆性创新的基本标准有两个：其一，创新是否基于低端市场或者新市场；其二，在产品质量达到同行标准之前，颠覆性创新企业并不关注主流顾客。例如，被公认为是一家颠覆性创新企业的 Google，其核心的搜索算法并没有实现颠覆性创新，而是 AdWords 广告服务具有颠覆性。一般的广告商在雅虎网站创建横幅广告至少要花费上千美元，但通过 Google 提供的自助服务式广告产品则能以低至 1 美元的价格发布简单的文字广告。AdWords 简短的文字广告产品相比于雅虎网站的横幅广告产品显得非常简陋，但低廉的价格帮助 Google 吸引了更多新的客户来发布简短的文字广告，这就是颠覆性创新中非常典型的新市场进入创新。又如，小米手机，从小米 1 到小米 4，小米手机价格低廉，但硬件性能却丝毫不比同配置、高价位的手机差。小米的价格几乎接近成本价，打破了以前手机行业利润过大的潜规则，小米的成功靠的是从低端市场进入的颠覆性创新战略。

突破性技术往往创造出了新的技术轨道和经济范式，对现有技术轨道造成了颠覆式的冲击（Foster，1986；Kirchhoff et al.，1991；Hill & Rothaermel，2003）[1][2][3]。Bower（1995）[4] 在研究中指出，在突破性技术形成之初，由于技术不成熟，往往不能带来立竿见影的收益，对于企业的决策制定者并没有足够的吸引力，成熟的企业更愿意将资源投入到已有的技术轨道中进行渐进式创新，保持对现有市场的控制以争取更多的利润，而不是投入到新技术的研究与开发之中，最终导致成熟企业被初创企业代替，错失在行业内的领先地位。Tushman 和 Anderson（1986）[5] 认为，虽然从整体上看，创新是一个连续的、渐进的过程，但技术积累到一定程度之后，总会产生一些突破性的新技术，形成新旧技术的交替。而那些在技术轨道更替期没有及时跟上变化的企业，会直接导致失败。Herrmann 等（2007）[6] 指出，突破性技术不仅能够更好地满足现有市场中用户的需求，还能进一步发掘潜在市场，满足用户更高层次的需求。相对于持续性创新，突破性技术创新是一种更高级的创新，在发掘潜在需求创

① Foster W. Paradigms and Promises: New Approaches to Educational Administration [M]. Prometheus Books, 1986.

② Kirchhoff C., Habben I., Ivell R., Krull N. A Major Human Epididymis-Specific cDNA Encodes a Protein with Sequence Homology to Extracellular Proteinase Inhibitors1 [J]. Biology of Reproduction, 1991, 45 (2): 350-357.

③ Hill C. W. L., Rothaermel F. T. The Performance of Incumbent Firms in the Face of Radical Technological Innovation [J]. Academy of Management Review, 2003, 28 (2): 257-274.

④ Bower J. L. Disruptive Technologies: Catching the Wave[J]. Harvard Business Review, 1995, 73 (1): 43-53.

⑤ Tushman M. L., Anderson P. Technological Discontinuities and Organizational Environments [J]. Administrative Science Quarterly, 1986, 31 (3): 439-465.

⑥ Herrmann E., Call J., Hare B., Tomasello M. Humans Have Evolved Specialized Skills of Social Cognition: The Cultural Intelligence Hypothesis [J]. Science, 2007, 317 (5843): 1360-1366.

造新市场的同时，还带来整个产业的变革和广泛的社会影响（Kaplan & Tripsas，2008； Golder et al.，2009）[1][2]。无论是熊彼特的"创造性破坏"还是克里斯坦森的"颠覆性创新"，"颠覆"一词都具有明确的竞争情境：从技术的角度看，是新技术路线对既有技术路线的替代，是"主导设计"的更迭；从创新的角度看，是后发企业对在位企业市场主导地位的替代。而政府或政府层面的"颠覆性技术创新"并不一定强调竞争情境，而更强调技术的突破性本身。

二、颠覆性技术创新的技术经济特征

从技术特征角度，颠覆性技术创新的经济学特征主要包括四个方面：

第一，突破了技术发展中的瓶颈。Nathan Rosenberg 在他的著作 The Direction of Technological Change 中定义了一种他称之为"强制序列"的技术反馈类型。在这个定义中，他认为在某行业特定时期，企业的创新活动会专注于解决少数明显的且易识别的技术难题，即所谓的"技术瓶颈"。当这些"瓶颈"被解决之后，那么它会衍生出新的技术难题，而这个新的技术难题成为了新的瓶颈，并且只有解决这些新问题才能够得到所有创新活动带来的收益。例如，Nathan Rosenberg 在书中引用的 18 世纪英国工业发展的例子就十分形象。在 18 世纪初，英国社会的精英

① Kaplan S., Tripsas M. Thinking about Technology: Applying a Cognitive Lens to Technical Change [J]. Research Policy, 2008, 37 (5): 790-805.
② Golder P. N., S. R., M. D. Innovations' Origins: When, By Whom, and How Are Radical Innovations Developed? [J]. Marketing Science, 2009, 1 (28): 166-179.

们十分明确地了解到他们面对着一些棘手的问题，包括在海洋中确定位置（经度）、从深层煤矿中抽离地下水、解决天花传播、将生铁锻造为熟铁，而这些问题都在 18 世纪中期得以解决，在这些技术发展解决了老问题的同时，又带来了新的需求和问题，进入了下一个瓶颈期。

第二，拥有主导性设计。Utterback 和 Abernath（1975）[1] 认为，主导性设计是技术管理研究的一个概念，即寻找那些成为事实标准的技术功能。一个主导性设计需要获得相当高的市场忠诚度，也需要市场中的竞争者和创新者遵循以获得市场优势。例如，微软的 Windows 系统成为个人电脑操作系统的主导性设计，在微软开发个人电脑操作系统之前，业界并没有统一并占据多数市场份额的产品，而在 Windows 系统出现之后迅速占据了绝大多数市场，并很快成为"主导设计"，个人 PC 生产商（除苹果外）均需要具备 Windows 操作系统才能够将产品推向市场并获得消费者的认可，而微软也在最短的时间内确立了其在行业中的"主导设计者"位置。

第三，开发新的技术轨道。Dosi（1982，1988）[2][3] 将技术轨道定义为：被一种范式定义的、沿着经济与技术曲线移动的技术进步。技术轨道与技术演进的 S 曲线（U–A 模型）在某些方面有着相似之处，两者都能够追踪技术性能的演进特征。一个

---

[1] Utterback J. M., Abernathy W. J. A Dynamic Model of Process and Product Innovation[J]. Omega, 1975, 3 (6): 639–656.

[2] Dosi G. Technological Paradigms and Technological Trajectories : A Suggested Interpretation of the Determinants and Directions of Technical Change [J]. Research Policy, 1982, 11 (3): 147–162.

[3] Dosi G. Sources, Procedures, and Microeconomic Effects of Innovation [J]. Journal of Economic Literature, 1988, 26 (3): 1120–1171.

众所周知的技术轨道应用实例是在微电子中一块芯片上集成晶体管数量的指数型增长、计算速度以及单位信息的成本，每一个技术轨道的开始都标志着一次突破式技术创新，而轨道路径上的创新代表着一系列的渐进式创新。

第四，技术突破存在高风险。突破性创新往往具有更大的技术风险。渐进式创新是延续企业已有的技术轨道，在原有技术轨道上进行增量的逐步创新。而突破性技术产生于完全不同以往的新技术轨道，对于这一类创新，原有的技术标准已经不能应用于新技术的创新，而新的标准在突破性技术产生之时还没有确立，此时的突破性创新具有非常大的不确定性。一旦突破性技术设定了完善的标准体系，新的突破性技术创新也会逐渐变成渐进式创新。

从经济学特征角度，颠覆性技术创新的经济学特征主要包括四个方面：

第一，多技术领域。Schoenmakers 和 Duysters（2010）[①] 认为，颠覆性技术创新通常需要多主体知识领域的集成或协调。当今的科学研究发展很难只依赖单一学科，技术的发展依赖于多学科或者多产业的交叉研究，从而互相借鉴技术逻辑和开发思路，形成创新性和开拓性的颠覆性技术。纯粹单一知识基础的技术创新往往呈"海螺壳"式发展，很难出现颠覆性的新颖思想。很多颠覆性理论都是由"外行人"提出来的，因为他们没有学科桎梏。例如，魏格纳是德国气象学家，他通过观察世界地图提出了"大陆漂移"学说，最后发展成"板块构造"理论，导

---

① Schoenmakers W., Duysters G. The Technological Origins of Radical Inventions [J]. Research Policy, 2010, 39 (8): 1051–1059.

致地球科学史上一场划时代的革命。一个学术观点的产生肯定要依托本学科的知识积累，但如果在其他学科得到共鸣，就会形成"规律性"的飞跃。在实践中，颠覆性技术创新的发展也常常依赖多个学科的知识。例如，日本高铁的发展很大程度上依赖于不同主体和学科之间的协调。通过对高速铁路轨道设计理论与技术体系、高速铁路常用跨度桥梁建造成套技术体系和大跨度桥梁建造技术、高速铁路隧道结构与空气动力学、高速铁路路基建造技术、混凝土结构耐久性设计与新型工程材料开发等多个技术领域的综合应用，高铁领域才取得颠覆性的创新成果。

第二，常常依赖于科学或通用技术的突破。科学研究作为所有创新的源泉和根本动力，只有当科学技术本身有了重大的突破和改进后，才能为之后的科学研究技术化和技术商业化奠定良好的基础，并且科学研究的"突破性"越显著，留给技术化和商业化的时间窗口越长，越有利。最典型的例子是工业革命，人类社会发展历史上的若干次工业革命的标志性技术均带有这样的特征。第一次工业革命是以瓦特改良蒸汽机为标志，实验科学的长期孕育和社会生产的直接推动带来了蒸汽机的发明与改良，揭开了工业革命的序幕，并在技术上完成了由手工业向机器大工业的过渡。第二次工业革命由于电的发明带来了人类大型重工业的诞生，而这一发明从1866年开始持续供给了100多年，仍是我们当今工业和商业最重要的基础之一，由此我们看出一些具有"里程碑"式的科学发现能够给后续的技术发展和商业发展提供强大的支持，并在相当长的时间内影响并指导商业的发展方向。

第三，长期累积性。颠覆性技术的演进过程遵循"量变到质变"的过程，若干微小的技术改进长期的累积和交叉，为技术的"颠覆"提供了高度相关的素材，颠覆性技术的产生是集成各种微小技术改进的优点和优势之后，在某一时间点显示出"颠覆"的现象，即出现了质变点。因此，颠覆性创新是一个漫长的累积过程，并不能一蹴而就。例如，当美国宇航员阿姆斯特朗接触到月球表面时，这一"颠覆"技术足以让我们叹为观止，但在这之前阿波罗计划已经悄然进行了10年，而背后则有大量的政府资金扶持和美国公司的深度研究合作。在工程高峰时期，参加工程的有2万家企业、200多所大学和80多个科研机构，总人数超过30万人，正是多种基础研究和技术的集成使得阿波罗计划得以最终成功，首次将人类送往另一星球。

第四，市场的高风险性和投资的战略性。颠覆性创新要求战略性投入，尤其是金融资本。正如前三点所述，颠覆性技术时间长、多交叉的特点导致了其对于技术开发的投入是长期的、持续性的。对于颠覆性创新，战略性投资非常重要。突破性创新的产品在上市之初并不能占领主流市场，在市场中的表现也比渐进式创新的产品差。主流用户还是更习惯于使用以往的产品，突破性创新的产品往往只被少数激进的用户所接受。例如，电动汽车与传统汽车，在电动汽车上市之初，市场中的主流用户还是习惯使用传统燃烧汽油、柴油的汽车，而电动车技术作为一项突破性技术，只有少数的激进用户成为动车环保技术的早期使用者。突破性技术要承受更大的市场风险。渐进式技术创新是对现有成熟的产品进行技术的改进以获取更多的利润，面对的是成熟的市场和用户。而突破性技术创新面对的是潜在的低端市场和新的蓝海市场，这就意味着突破性技术在进行市场推广的时候面临着把潜在用户转变为主流用户的巨大风险。当突破性技术首次出现时，由于性能标准比较模糊，很难成功融入主流市场，所以市场风险较高。例如，三星的 DRAM 存储器半导体，在 20 世纪 50 年代开始投资，80 年代完成技术追赶，90 年代才开始盈利。三星电子自 1992 年开发出 64Mb DRAM 之后，连续 24 年蝉联 DRAM 半导体全球市场占有率冠军。三星能稳居龙头地位的关键，在于早期的战略性资本投入，拉开了竞争对手难以超越的技术差距，这也是半导体市场价格持续滑落，三星仍能维持获利的重要原因。

第二节　颠覆性技术的形成机制和路径

颠覆性技术的形成主要分为供给推动型（科学推动）和需求拉动型（企业主导、政府启动）两种。在供给推动型模式中，颠覆性技术的形成主要是由科学发现和技术发明驱动的。这类颠覆性创新的过程，是从科学的基础研究出发，形成了突破性技术，最终通过产品的市场化实现技术创新的市场价值。例如石墨烯和人工智能的出现，都是在科学进步不断推动的基础上形成新的颠覆性技术。而在需求拉动型模式中，技术创新是从市场的需求出发，根据市场对于产品的要求，形成颠覆性技术。从创新主体的角度，可以将颠覆性技术创新分为企业主导型颠覆性技术创新、科学推动型颠覆性技术创新和政府启动型颠覆性技术创新。对于企业主导型颠覆性创新，企业的商业化利益拉动着颠覆性技术的出现，例如 Tesla 新能源汽车的出现、Google 搜索算法的实现，颠覆性技术的出现是以提升用户体验为目标不断推进的。科学推动型颠覆性创新是由于大学和科研院所的科学突破而引致的颠覆性技术创新。而政府启动型颠覆性创新则以实现政府的战略任务为导向，例如数控机床、互联网以及 GPS 技术的出现，技术的创新活动是围绕政府的战略需求展开的。

一、企业主导型颠覆性技术创新

基于不同的视角，企业主导型的颠覆性技术创新又可以分为以下四类：

第一，基于架构技术和元器件技术的颠覆性技术创新。Henderson 和 Clark（1990）[①] 将创新分为渐进型创新（Incremental Innovation）、架构型创新（Architectural Innovation）、模组型创新（Modular Innovation）和激进型创新（Radical Innovation）。元件知识指的是关于产品中某一零件核心的显性技术知识，架构知识指的是将各元件知识进行系统的整合后得到的隐性知识。架构型创新指的是基于现有的元件知识，产品在核心功能上不做改变，采用不同的架构方式产生的创新。例如，很多电子玩具，采用的核心元件是一样的，只是通过不同的元件架构方式，生产出不同的产品，这种创新就是架构型创新。模组型创新指的是对产品的核心元件进行替换，而保留元件之间的架构方式不

---

① Henderson R. M., Clark K. B. Architectural Innovation：The Reconfiguring of Existing ［J］. Administrative Science Quarterly, 1990, 1（35）：9-30.

变，由于新的元件带来的产品的改变。马斯克制造超回路列车使用的就是一种被动的磁悬浮系统，这种技术创新的形成原因是市场需求拉动的。又例如，特斯拉作为近年来非常成功的创业企业，对已经成形的汽车市场造成了不小的冲击和颠覆，而其能够撬动技术门槛和成本投入极高的汽车行业，管理层灵活的创新方式起到了关键的作用。特斯拉无法通过同样的生产和运营方式与已有百年历史的汽车生产厂进行竞争，他们选择了轻资产的快速迭代的创新方式进行了架构创新，将精密的汽车零部件和整装生产进行分包和外包，从而加快了开发和生产的进度，也大大降低了造车的成本，同时利用成熟厂商的零部件保证特斯拉的整车质量。我们能够看到特斯拉将其最为核心的功能组件（钴酸锂电池）外包给了松下，而这种在手机中运用广泛的电池经过若干年的市场测试保证了相当高的供电效率和安全性；驱动装置（IGBT数字技术控制的三相感应电机）则由中国台湾富田制造，特斯拉掌握核心技术的知识产权；电池的管理方面，特斯拉初期也只持有核心技术，整车的架构技术则是与戴姆勒奔驰和沃尔沃进行了深度的合作，在保证特斯拉电池核心技术的同时融入了传统车企成熟的整车技术和高效的生产方式。这一系列的创新方式都对特斯拉的快速崛起起到了加速的作用，使得特斯拉这一后来者能够轻装上阵，在汽车市场中寻找到创新出口。

第二，基于模块化的企业颠覆性技术创新。Baldwin 和 Clark（2000）[①] 在《设计规则：模块化的力量》中指出了模块化对于产

[①] Baldwin C. Y., Clark K. B. Design Rules, Volume 1: The Power of Modularity [M]. Cambrideg, MA: MIT Press, 2000.

业结构变革的革命性意义。基于模块化管理带来企业颠覆性技术创新的典型例子是 IBM 的 360 系统。1964 年 4 月 7 日，历经 4 个年头的风风雨雨，就在老沃森创建 IBM 的 50 周年之际，IBM 公司 50 亿元的"大赌博"为它赢得了 360 系统电脑。IBM360 共有 6 个型号的大、中、小型电脑和 44 种新式的配套设备，整整齐齐摆放在宽大的厅堂里。从功能较弱的 360/51 型小型机，到功能超过 51 型 500 倍的 360/91 型大型机，都是清一色的"兼容机"。IBM360 标志着第三代电脑正式登上了历史舞台。为了庆祝它的诞生，IBM 公司分别在美国 63 个城市和 14 个国家举行记者招待会，全世界有近万人参加盛会。IBM 公司向全世界庄重宣布："这是本公司自成立以来最重要的划时代产品。"5 年之内，IBM360 共售出 32300 台，创造了电子计算机销售的奇迹。模块化创新会导致产业组织结构的显著变化，特别是对传统一体化企业的技术优势形成冲击，为中小企业和创业企业的模块化创新提供丰富的技术机会，从而导致优势企业市场地位的更迭。

第三，基于技术集成的企业颠覆性技术创新。集成创新是对既有模块和组件的连接。中国的 VCD 技术创新是典型的颠覆性集成技术创新的案例。我国存储视频信息播放器经历了从 LD（Laser Disk）到 VCD（Video Compact Disk）再到 DVD（Digital Video Disc）三个阶段。1992 年，万燕 VCD 公司的成立被认为是 21 世纪末中国在消费类电子领域里可能领先的唯一机会。VCD 的成功是在对视频播放技术集成基础上的颠覆性技术创新。但 VCD 最终还是失败了，究其内部原因主要是 VCD 真正的核心技术是解码芯片，但却掌握在 C-CUBE 斯高柏微系统公司。

VCD 失败的外部根本原因是无效的知识产权保护。在万燕 VCD
诞生之后，引起了市场的强烈关注，一时间很多国外企业也纷
纷投来了关注的目光。甚至还有一些国外公司，不惜从国内购
买 VCD，回国之后进行研究。万燕的集成技术创新案例表明，
即便技术具有颠覆性，但如果没有有效的制度环境，颠覆性创
新也不能有效地转化为企业效益和竞争力。

第四，基于低成本的颠覆性技术创新。有一类颠覆性技术
创新是出于占领低端市场而降低产品成本的创新。Bower（1995）[1]
提出了颠覆性技术的概念，他们认为颠覆性技术最初出现在低
端市场。IBM 硬盘、综合性钢铁企业的失败，是由于希捷硬盘、
小型钢铁厂从低端市场进入，成功取代了行业领先者的地位。
一个基于低成本实现颠覆性技术创新的典型案例是 SpaceX 和贝
索斯的火箭回收项目，在火箭的发射成本里，燃料费用所占的
比重非常低，相比单次猎鹰 9 号 5400 万美元的发射费用，它的
燃料费只有 20 万美元，所以，通过回收火箭能够数量级地降低
人类进入太空的成本。所以，颠覆性创新并不一定是开发全新
功能的产品，以更低的成本开发既有的产品也是一类有效的颠
覆性创新。

颠覆性技术创新的演进遵循一定的规律，Abernathy 和 Ut-
terback（1978）[2] 提出的 A-U 模型揭示了在特定技术轨道上的技
术创新与产业发展之间的内在关系，是一个具有一般性的产业

① Bower J. L. Disruptive Technologies: Catching the Wave[J]. Harvard Business Review, 1995, 73
(1): 43-53.
② Abernathy W. J., Utterback J. M. Patterns of Industrial Innovation [J]. Technology Review, 1978,
80 (7): 40-47.

创新动态过程模型。首先，在早期的不稳定阶段，市场呈高度竞争的状态，企业也呈高度的一体化，技术还不成熟，消费者的市场需求还不确定，技术创新主要集中在产品技术的改进层面。其次，到了中期的转型过渡阶段，市场高速发展，竞争和淘汰加剧，早期用户对于产品的需求初步形成，技术方面的"主导设计"出现，产品的功能被清晰地界定，性能也实现了大幅度提升。技术的成熟为设计的标准化提供了良好的基础，使得大规模生产成为可能，专业生产设备逐步替代通用生产设备，产品的成本价格降低。最后，在成熟稳定阶段，市场是高度集中和高度专业化的，传统的消费者对于产品的需求非常明确，市场稳定增长，技术在成熟稳定阶段持续改进，旨在降低该技术的生产成本并提高产品质量。

颠覆性技术创新的企业并不一定能够成为市场的主导者。导致颠覆性技术创新失败的情境主要有以下几个：

第一，用户难以跨越技术周期鸿沟。Moore（1990）[①] 指出，颠覆性技术创新要想获得成功必须提供功能更加完整的产品。因为产品线不完整使得技术领先企业最终失败的典型案例是柯达。柯达曾经是世界最大的影像产品公司，在过去的经营中，依靠"剃须刀和刀片"的商业模式获得了巨大的成功。柯达是第一家研制出数码相机的公司，但由于管理层不能割舍利润率巨大的胶卷业务，受到数码技术对传统胶卷业务的冲击，最终导致柯达转型的失败。

---

① G. M. Structural Determinants of Men's and Women's Personal Networks [J]. American Sociological Review, 1990: 726–735.

第二，Cusumano 和 Gawer（2003）[①] 认为，形成主导标准对于颠覆性技术创新的成败有关键作用。例如，在 20 世纪 70 年代，SONY 率先发布了规格更高的 Betamax 格式录像带，之后 JVC 成立专门的研究小组开发家庭录像机，研发小组将研发的关键定位在研发"满足消费者需求的家用录像机"技术，发行了 VHS 标准的录像机。SONY 的 Betamax 制式和 JVC 的 VHS 制式都采用螺旋扫描器，二者在录像能力、放像能力、录像带尺寸、装袋装置等方面都存在差异。JVC 的一盘录像带可以使用 3 个小时，SONY 的一盘录像带只能用 1 个小时，导致使用 SONY 录像带看电影时常常需要更换一次录像带。因为 JVC 的标准更加开放，Betamax 制式的录像带迅速扩张占领录像机市场，双方拉锯战 14 年后，以 SONY 加入 VHS 阵营收场，VHS 制式成为家用录像机的主导设计，Betamax 制式在家用录像机市场全面失败，转入专业录像机市场。

第三，缺乏有效的知识产权保护，前文讨论的中国万燕的案例就是由于缺乏有效的收益机制（Appropriation Mechanism）而导致了市场失败。

二、科学推动型颠覆性技术创新

对于科学推动型颠覆性技术创新，根据实现颠覆性技术创新之前的安排，主要可以分为有计划的科学突破和无计划的科学突破两类。

[①] Cusumano M. A., Gawer A. The Elements of Platform Leadership [J]. MIT Sloan Management Review, 2003, 3（43）：51–58.

首先，有计划的颠覆性技术创新主要依靠长时间增量创新的积累，技术突破在量变的基础上实现质变。科学制备方法不断进步驱动的颠覆性技术创新典型的例子是石墨烯。作为目前发现的厚度最小、强度最大、导电导热性能最强的一种新型纳米材料，石墨烯被称为"新材料之王"。最早在 2004 年由英国曼彻斯特大学的安德烈·海姆教授和康斯坦丁·诺沃肖洛夫教授通过一种很简单的方法，从石墨薄片中剥离出了石墨烯，并且获得了 2010 年诺贝尔物理学奖。随后几年，制备石墨烯的新工艺不断涌现。科学制备方法的进步不断推动石墨烯制备的新工艺。到了 2015 年，石墨烯制备的颠覆性技术出现，石墨烯 3D 打印出现，并且进入成熟的商业应用阶段。另一个科学推动颠覆性技术出现的例子是人工智能的出现。1936 年，英国数学家图灵用纸带式机器模拟人们进行数学运算的过程。1956 年，达特茅斯会议被认定为全球人工智能研究的起点，对于人工智能的研究正式成为一门学科。之后，MIT 和卡耐基梅隆大学对于人工智能的科学研究不断地推动人工智能科技的发展。DeepBlue 和 AlphaGo 都是对于人工智能商业化应用的成功探索。2016 年 IBM 在全球推出的"认知商业"是真正意义上的人工智能商业化的第一波浪潮。

其次，无计划的颠覆性技术创新的出现具有高度的不可预测性。肯尼斯·阿罗（1962）①提出，颠覆性技术的实现是技术创新的产物，必然具有不可预测性。他还认为，创新是一个具有

---

① Arrow K. J. Economic Welfare and the Allocation of Resources for Invention ［M］. Princeton University Press，1962.

不确定性的过程，创新的程度越高，不确定性越大。颠覆性技术创新往往需要全新的知识和资源，并且挑战或彻底取代已有的技术，创新程度极高，具有很大的不确定性。对于无计划实现的科学突破，X 射线的发现就是一个典型的例子，威廉·康拉德·伦琴于 1895 年发现了 X 射线，也被称作伦琴射线，这个 19 世纪最伟大的发现过程却充满了偶然，伦琴在实验室中进行阴极射线的研究，在出现阴极射线时，旁边涂有氰化铂钡的荧光屏上，似乎也发出点儿蓝白色的光。阴极射线是不能通过玻璃管壁的，伦琴把玻璃管用黑纸紧紧地蒙上，通电后阴极射线发出的光被遮住了，氰化铂钡却仍然发亮，断电时就不见了。伦琴用 10 张黑纸包着玻璃管或以铝板把玻璃管和荧光屏隔开，荧光屏仍亮着；把厚铅板夹在里面试试，亮光突然消失，铅板一拿开，又重新发亮。伦琴把手插进去一看，在荧光屏上模模糊糊有手骨的形象，手的轮廓也隐约可见，由于这是一种性质不明的新射线，他称之为"X 线"。核裂变的发现过程同样有着一些偶然性，20 世纪 30 年代，恩里科·费米试图通过将铀与中子通过撞击的方式合成一种超重原子，他成功地合成了两种重物质，但却偶然地发现了质量并未守恒，实验之后的质量损失事实上是由原子核裂变产生的，费米无意之中发现了核裂变这个具有划时代意义的现象。另一个无计划实现科学突破的典型例子是青霉素的发现，1928 年弗莱明外出度假时，忘记实验室里在培养皿中正生长着细菌。当他度假回到实验室时，注意到一个与空气意外接触过的金黄色葡萄球菌培养皿中长出了一团青绿色霉菌。在用显微镜观察这只培养皿时弗莱明发现，霉菌周围的葡萄球菌菌落已被溶解。这意味着霉菌的某种分泌物能抑制葡萄球菌，弗莱明将其分泌的抑菌物质称为青霉素。美国 LIGO（激光干涉引力波天文台）首次直接探测到引力波，取得引力波领域科学研究的重大突破，也带动了与引力波探测相关的技术创新。这一类型的颠覆性技术创新的出现都是无计划的意外收获。

因此，研究型大学作为推动学术探索和发现的场所，首要任务应该是推进科学研究和教育。例如，斯坦福大学一直致力于寻找巨大挑战的解决方案并且培养能够处理复杂问题的有领导力的学生，而紧邻硅谷的便利，使得在"斯坦福—硅谷"的创新环境中，大学很好地成为了为行业输送基础研究成果和技术解决方案的基地，同时为硅谷源源不断地输送相关人才，推动了硅谷的产业发展，形成一个大学输送基础研究、与行业无缝对接转化的良好的创新通道。位于美国东海岸的 MIT 则旨在推动知识的前进，并且在科学、技术及其他领域教育学生，以更好地服务于国家与社会。同样地，麻省理工在若干领域，诸如生物医学、计算机科学等前沿学科中建立了与大学关系紧密的孵化器，从而使得基础研究成果能够通过更多的渠道传递到各个行业中，真正实现创新的商业化和市场化，在这之中，麻省理工作为科学研究的基地为企业输送技术和人才，完善并健全了创新链条。

三、政府启动型颠覆性技术创新

演化经济学认为，创业型政府可以提出技术需求并为颠覆性技术创新创造市场。Tassey（1997）[1] 提出的用于科技政策研

---

[1] Tassey B. G. The Economics of R&D Policy [M]. Westport, CT: Quorum Books, 1997.

究的"技术开发模型",将技术分成了基础技术、共性技术和专有技术。基础技术作为最基础的科学研究成果能够为其他科学研究和技术开发提供公共基础,基础技术能够自身延展,并扩散至多数的领域和行业中;共性技术作为某行业公用的技术能够被行业内的企业共享,发挥其应用和实用价值;专有技术则是在共性技术的基础之上由个体发展出的私有技术,而成为企业或者个人的独特竞争力。基础技术是共性技术和专有技术的知识基础,共性技术应用于不同的场景也可以形成专有技术。企业的颠覆性技术创新作为一种专有技术,必然会受到主要由政府资助的基础技术和共性技术的影响。

政府采购是政府驱动颠覆性技术创新的一种重要机制。政府采购影响颠覆性技术创新。政府采购能够扩大市场需求,激励技术创新。Schmookler(1962)[1]认为,企业对于产品或服务的预期利润能够激励企业进行技术创新,技术创新带来的利润越大,技术创新的激励越大,技术创新的激励与市场的规模之间正向相关。Cabral(2001)[2]进一步指出,激励技术创新的政府需求可分为直接需求和间接需求两种。直接需求指政府直接对有技术创新性的产品或服务进行采购;间接需求指技术创新是政府采购带来的副产品,例如政府为了扩大新产品的市场,提供便利的技术标准、优化的市场结构等。Ruttan(2006)[3]还指出,

① Schmookler J. Economic Sources of Inventive Activity [J]. Journal of Economic History, 1962, 22 (1): 1–20.

② Cabral R. L. M. J. Adoption of a Process Innovation with Learning by Doing: Evidence from the Semiconductor Industry [J]. The Journal of Industrial Economics, 2001, 3 (49): 269–280.

③ Ruttan V. W. Is War Necessary for Economic Growth? Military Procurement and Technology Development [M]. Oxford University Press, 2006.

20 世纪美国技术大量涌现的原因之一是政府的需求，相当一部分高科技技术创新来源于政府的军事需求。

政府作为试验性消费者和资助者是政府驱动颠覆性技术创新的另外一种机制，这方面的典型例子是互联网。互联网最早萌芽是在"冷战"时期，DARPA 组织解决分散式通信技术问题，DARPA 最初的请求被 IBM 和 AT&T 拒绝，最终由英国国有邮政办公室解决。互联网从诞生到大规模应用，政府持续进行了大规模的资助。Motoyama（2011）① 还指出，政府的目标是寻找下一项新技术来替代互联网。而对于纳米技术的出现，政府则扮演了企业家和协调者的角色。对于纳米技术最早的动议，来自 NSF 和克林顿科技顾问委员会，确定纳米技术为下一代 GPTs。接着政府协调了与联邦相关的 20 个研究机构，同时涉及国防部和 SBIR 项目。从 2001 年到 2015 年，美国政府累计投入 210 亿美元。2001~2015 年，与纳米技术相关的环境、健康领域投资有 9 亿美元。纳米技术实现突破性创新离不开政府的扶持和投资。对于 GPS 技术的推动，政府始终是领先用户和创新者。GPS 技术最早在 20 世纪 70 年代由美国国防部依托 NAVSTAR 项目开始开发。在 90 年代中期，GPS 技术开始民用，投入日常市场，Google 地图以及苹果的 SIRI 都推动了 GPS 技术的发展。但是，美国国防部仍然掌握最先进的 GPS 技术，并且每年大约投入 7 亿美元用于推动 GPS 技术的不断创新和发展。例如，我国的机床业，在中高档数控技术上取得突破性技术创新的事实也表明，

---

① Motoyama Y. Innovation and Location：A Case Study of Sony's Vaio Laptop ［J］. Industrial Geographer，2011，8（8）：1-25.

政府采购及政策扶持在国产数控机床产业的发展中发挥了重要
作用。

第三节　颠覆性技术创新的创新生态

颠覆性技术创新的实现，往往需要通过来自不同领域的科
学家的团队合作，通过集合各个领域科学家的智慧，向科学难
题发起挑战，创造出突破性的技术创新。Singh 和 Fleming
(2010)① 指出，对于个人，仅凭一己之力很难完成突破性技术开
发的整个过程。陈傲和柳卸林 (2013)② 指出，企业间的社会网
络有利于颠覆性技术创新所需要的资源共享和协同合作。在高
度分工的现代社会，任何一家企业都不可能拥有开发一项新的
突破性技术所需要的全部技能，因此也就形成了企业、高校、
科研机构之间复杂的社会网络，尤其是在技术更新迭代迅速的
高科技产业，比如生物、医药、电子通信等行业。Ahuja 等
(2005)③ 的研究表明，组织间的社会网络与创新的产出之间存在
正相关关系，也就是说，组织间的社会网络越复杂，组织间的
联系越紧密，越有利于产生突破性的技术创新。颠覆性技术的

---

① Singh J., Fleming L. Lone Inventors as Sources of Breakthroughs: Myth or Reality? [J]. Management Science, 2010, 56 (1): 41-56.
② 陈傲，柳卸林. 突破性技术创新的形成机制 [M]. 北京：科学出版社，2013.
③ Ahuja M. K., Thatcher J. B. Moving beyond Intentions and toward the Theory of Trying: Effects of Work Environment and Gender on Post-Adoption Information Technology Use [J]. Mis Quarterly, 2005, 29 (3): 427-459.

出现本质上是不同主体之间对于创新的接力赛，由此构建创新生态及创新体系。政府主要对战略性前沿技术、通用技术提出需求，大学主要进行科学的基础研究，企业负责把颠覆性技术工程化和产业化，三方配合实现颠覆性技术在产学研三个层面的良好互动和发展。

颠覆性技术创新的产生具有明显的科学基础知识的特点。颠覆性技术的技术特征、产品特征和市场特征决定了颠覆性技术创新不能像渐进式创新那样通过对现有产品的改良和改进来占有市场，颠覆性技术创新需要以潜在的用户需求为突破口，建立一整套全新的知识基础和科学技术原理。高校和科研机构的主要任务是为自然科学和社会科学的发展提供理论和实验基础，而企业则负责将这些基础的科学和研究通过产品市场化的过程进行商业应用。高校、科研机构、企业之间的分工合作才能完成整个新技术创新的过程（Henderson et al., 1993；Henderson et al., 1998；陈傲等，2010）[1][2][3]。从创新体系中知识的供给角度来说，高校和科研机构承担着主要的基础科学研究任务。Trajtenberg 等（1997）[4]认为，高校及科研机构的学术研究成果对于企业在进行科学知识的实际转化中有明显的溢出效应。Adner

[1] Henderson J. C., Venkatraman H. Strategic Alignment: Leveraging Information Technology for Transforming Organizations [J]. IBM Systems Journal, 1993, 1 (32): 472–484.

[2] Henderson R., Jaffe A. B., Trajtenberg M. Universities as a Source of Commercial Technology: A Detailed Analysis of University Patenting, 1965–1988 [J]. The Review of Economics and Statistics, 1998, 80 (1): 119–127.

[3] 陈傲，柳卸林，程鹏. 知识溢出空间扩散过程的实证检验——以追踪一类专利扩散为线索 [J]. 科学学与科学技术管理，2010, 31 (12): 96–101.

[4] Trajtenberg M., Henderson R., Jaffe A. University Versus Corporate Patents: A Window On The Basicness of Invention [J]. Economics of Innovation & New Technology, 1997, 5 (1): 19–50.

和 Kapoor（2010）[1] 提出了创新生态系统的概念，他们的研究认为，突破性技术的创新仅仅依靠个人能力是很难完成的，只有通过组织间的合作研发才能产生突破性技术的创新，这种情况下，组织间就形成了一个以创新为核心的生态环境。因此，良好的颠覆性技术出现应有政府强大的科技基础设施的支持、处于科学前沿大学的科研推动以及活跃在市场中的创新型企业。

政府对于颠覆性技术的产生有重要的支持作用。Mazzucato（2015）[2] 阐述了苹果公司颠覆性技术突破背后政府的作用，他认为苹果抓住了革命技术的浪潮，政府大规模投资于互联网、GPS 技术、触摸显示屏技术以及通信技术，政府投资推动了 iPhone 和 iPad 的颠覆性创新。就近些年的研发强度来说，苹果远远落后于三星、诺基亚等公司，它并没有集中精力致力于开发新的技术和组件，而是集成新技术运用于创新的架构中，苹果 iPhone 和 iPad 的颠覆性技术创新主要来源于多点触控技术、互联网技术、GPS 技术、人工智能技术以及锂离子电池技术。在苹果的整个发展历程中，都获得了大量来自政府的帮助。在苹果公司的创业初期，得到了来自政府大量直接的资金支持。除了政府直接的资金支持，政府的政策也在很大程度上帮助了颠覆性技术创新的形成和发展。颠覆性技术创新的成果通常对于某一行业甚至对于国家经济都会产生相当大的影响，因此政府有需要并且有必要在国家政府层面对颠覆性技术创新进行鼓励、培养

---

① Adner R., Kapoor R. Value Creation in Innovation Ecosystems: How the Structure of Technological Interdependence Affects Firm Performance in New Technology Generations [J]. Strategic Management Journal, 2010, 31 (3): 306-333.

② M. M. The Entrepreneurial State: Debunking Public vs. Private Sector Myths [M]. Anthem Press, 2015.

扶持和保护。在知识产权保护方面，政府可以通过以下几个方面发挥作用：

第一，深入基础研究机构，及时对关键研究成果进行保护。政府的研究机构（高校、研究所等）通常储备大量的高端技术人才，而一些关键技术的发明和发现也很有可能从中产生，但研究人员对于知识产权保护的相关知识和意识相对薄弱，需要政府提供顺畅的渠道和人员，能够及时发现并引导和指导研究人员对这些关键技术进行知识产权的保护。我们看到以色列政府对于技术研究人员的研究成果进行着不间断的过滤和保护，从而使得这个国家成为世界最具有创新精神的国家。

第二，将创新专利申请的门槛降低，拓展专利申请的方向。我国的专利申请历经多年的发展之后已具备相当成熟的体系，但庞大的系统仍然很难与快速进步的科学技术保持同步，而这样的速度差要求政府鼓励更多元的研究成果，并提前对这些成果进行保护。例如我国现在仍然对于软件授予著作权但无法授予专利，相反，美国能够对软件本身进行专利的保护，二者的保护力度差距极大，也会导致创新者的成果无法受到全面的保护。

第三，加强对于相关专利侵权的整治和监管，保护专利持有者的利益。除了在专利的申请方面进行提升，政府也应该关注知识产权侵权的处罚和处理方面，我国在这方面仍然处于起步的阶段，侵权者经常能够从侵权行为中获取巨大的利益而导致创新者的失败，大大挫伤了创新者的创新热情和动力，政府应当在知识产权方面从源头申请到侵权保护创造一个完整的闭环，真正为创新提供一个稳定、健康的环境。

综上所述，颠覆性技术创新的形成和发展需要科研机构、企业、政府三方面的协同和配合，促进技术创新知识的流动，在知识流动的过程中发现实现颠覆性技术创新的机会和方法。这种流动既包括从科研院所、高等学校向企业和社会的流动，也包括从企业向科研机构和大学的流动，实现这种流动需要参与创新过程的不同主体之间具有高强度的相互作用。

参考文献

[1] Abernathy, W. J. and J. M. Utterback. Patterns of Industrial Innovation [J]. Technology Review, 1978, 80 (7): 40-47.

[2] Arora, A., Fosfuri, A. and A. Gambardella. Markets for Technology: The Economics of Innovation and Corporate Strategy [M]. Cambridge, MA: MIT. Press, 2001.

[3] Baldwin C. Y. and K. B. Clark. The Power of Modularity [M]. Cambridge, MA: MIT. Press, 2000.

[4] Bower, J. L. and C. M. Christensen. Disruptive Technologies: Catching the Wave [J]. Harvard Business Review, 1995, 73 (1): 43-53.

[5] Carmody, L. E. Disrupting Class: How Disruptive Innovation Will Change the Way the World Learns[J]. Educational Technology, Research and Development, 2009 (57): 267-269.

[6] Christensen, C. M. The Innovator's Dilemma: When New Technologies Cause Great Firms to Fail [M]. Boston, MA: Harvard Business School Press, 1997.

[7] Christensen, C. M., M. E. Raynor and R. McDonald. What Is Disruptive Innovation? [J]. Harvard Business Review, 2015 (12): 44-53.

[8] Cusumano, M. A. and A. Gawer. The Elements of Platform Leadership [J]. MIT Sloan Management Review, 2002, 43 (3): 51-58.

［9］Dosi，G. and M. Grazzi. Technologies as Problem-solving Procedures and Technologies as Input-output Relations：Some Perspective on the Theory of Production［J］. Industrial and Corporate Change，2006，15（1）：173-202.

［10］Henderson，R. M. and K. B. Clark. Architectural Innovation：The Reconfiguration of Existing［J］. Administrative Science Quarterly，1990，35（1）：9-30.

［11］McCray，W. P. Will Small Be Beautiful? Making Policies for Our Nano-tech Future［J］. History and Technology，2005（21）：177-203.

［12］Motoyama，Y. Innovation and Location：A Case Study of Sony's Vaio Laptop［J］. Industrial Geographer，2011，8（1）：1-25.

［13］Moore，G. A. Crossing the Chasm：Marketing and Selling High-Tech Products to Mainstream Customers［M］. New York，NY：Harper Business，1991.

［14］Orfeu M. Buxton et al. Adverse Metabolic Consequences in Humans of Prolonged Sleep Restriction Combined with Circadian Disruption［J］. Science Translational Medicine，2012，4（129）：1-10.

［15］Pisano，Gary P. and W. Shih. Producing Prosperity：Why America Needs a Manufacturing Renaissance［M］. Boston，MA：Harvard Business Review Press，2012.

［16］Tassey，G. The Economics of R&D Policy［M］. Westport，CT：Quorum Books，1997.

［17］陈傲，柳卸林. 突破性技术创新的形成机制［M］. 北京：科学出版社，2013.

［18］冯军政，刘洋，魏江. 如何驱动不连续创新：组织学习视角的案例研究［J］. 科研管理，2013（34）：24-33.

［19］付玉秀，张洪石. 突破性创新：概念界定与比较［J］. 数量经济技术经济研究，2004（3）：73-83.

[20] 王海龙，武春友. 不连续创新与创业绩效实证文献的元研究
[J]. 科学学研究，2008 （26）：427-434.

[21] 魏江，邬爱其，彭雪蓉. 中国战略管理研究：情境问题与理论
前沿 [J]. 管理世界，2014 （12）：167-171.

[22] 谢泗薪，都业富，李荣. 超优势竞争环境下破坏式创新的研究
与策略 [J]. 科学学与科学技术管理，2007 （10）：75-80.

[23] 谢泗薪，李荣，都业富. 中国企业破坏式创新的模式与新七 S
方法——基于超优势竞争的视角 [J]. 科学管理研究，2007 （25）：1-5.

[24] 薛捷. 破坏式创新理论述评与推进策略 [J]. 管理学报，2013
（10）：768-774.

第二章
人工智能：科技推动型颠覆性创新

科技推动型的颠覆性创新属于供给推动型，在该模式下科学发现和技术发明是颠覆性创新的主要驱动力。一般而言，科学发现往往基于人们对未知浓厚的兴趣和新生活方式的向往，了解未知和人类的惰性成为新发现的催化剂，研究人员的科研成果为现实应用开辟了道路，通过不断的改进，在实现技术和工程突破后，相关成果将转化为现实产品，在实现技术价值的同时也给人类的生产和生活方式带来重大影响。人工智能就是科技推动型颠覆性技术创新的典型例子。1956年，达特茅斯会议上首次使用"人工智能"这个概念，由此开始了之后的深入研究。如今，人工智能广泛而深入地影响着每一个人的生活，特斯拉 CEO 埃隆·马斯克（Elon Musk）日前说道，"没有什么比数字超级智能更能影响人类的未来了"[1]。人工智能的发展离不开强有力的技术支撑，现实需求和产业体系的健全对人工智能的快速发展产生了积极影响。

---

[1] 马斯克、吴恩达等27人出镜：AI 可能成为不朽独裁者，人类就像蚂蚁束手就擒 [EB/OL]. http://www.sohu.com/a/227509206_473283，2018-04-07.

第一节　人工智能概述

人工智能（Artificial Intelligence，AI），自 1956 年在达特茅斯学会上被 McCarthy 正式提出后，短短半个多世纪已经成为计算机领域的重要组成部分，被公认为是当今世界三大尖端技术（能源技术、空间技术、人工智能）之一，也位列 21 世纪三大尖端技术（纳米科学、基因工程、人工智能）之中。

关于人工智能的概念，不同的学者有不同的定义。虽然关于人工智能的定义尚未统一，但这些看法均指明了人工智能的基本内涵和主要方向，即用计算机系统模拟人类的思想和行为，并使之逐步代替人类处理一些智能工作。

一、人工智能的起源

长期以来，人类一直在思考如何制造能够从事人类工作的智能机器人并从未停止为之付出努力。1950 年图灵在《计算机器与智能》一文中借用游戏引出了判断机器是否具有智能的标准。图灵在幕后分别安排一个人和一台机器，让测试人员在未知的情况下向其提问，根据对方的回答来判断哪个是人哪个是机器。如果测试人员判断错误，就意味着该机器具有人的智能。该方法后来被称为图灵测试，成为判断机器智能的标准，为人工智能的产生和发展指明了方向。

当前，学术界普遍以 1956 年作为人工智能的起点。当时在美国达特茅斯大学举办的"十人研讨会"上，第一次使用了"人工智能"这一术语，确定了人工智能的概念和发展目标。从那时开始算起，人工智能已有60多年的发展历史，大致经历了以下几个阶段：

（一）诞生及繁荣期（20世纪50~80年代）

刚刚诞生的人工智能只能被用于计算数学问题、证明几何定理、完成简单推理等初级工作，虽然Arthur Samuel在1959年进一步提出了机器学习的概念，但由于很多现实问题不能转化成为模型，人工智能的应用领域存在很多限制。

（二）在困难中摸索（20世纪80~90年代末）

在这一阶段，人工智能的发展遇到很多困难。首先，由于1976年机器翻译项目的失败，使得人工智能备受质疑，运算能力不够、常识推理水平较低、计算方式复杂等都是当时人工智能被强烈抨击的原因，直接结果是导致科研经费大幅减少。1985年，出现了更优的决策树模型和多层人工神经网络，专家系统得到快速发展，人工智能迎来新的发展机遇，伴随着第五代计算机的发展，人工智能渐渐步入了正轨。然而，1987年LISP机市场崩塌，又使得人工智能的技术再次陷入瓶颈。

（三）快速发展时期（21世纪初至今）

1997年，Deep Blue战胜了世界国际象棋冠军Garry Kasparov，这是人工智能的历史性胜利。伴随着计算器硬件的不断创新、软件算法的不断提升、大数据的收集与应用，人工智能在越来越多的领域取得了突破性成就。2014年，全球第一款人工智能助理"微软小娜"由微软公司发布；2016年3月，谷歌AlphaGo以4：1战胜世界围棋冠军李世石；2017年10月，Deep

Mind 团队公布了最强版的 AlphaGo Zero；同年，苹果公司在之前的个人助理 Siri 的基础上进行改进，推出了智能私人助理 Siri。接踵而来的人工智能应用无不意味着人工智能的增长爆发期已经到来。随着人工智能应用范围的不断拓展，人工智能开始逐渐渗透到人类的生活中，对传统社会造成一定冲击：隐私保护、伦理道德都成为人工智能发展过程中急需解决的问题。

二、人工智能的发展现状

经过半个多世纪的发展，人工智能已经突破了实验室范畴，开始进入社会生产领域和人们的现实生活，在对传统社会方式造成冲击的同时也形成了规模空前的产业体系，人工智能的价值开始被广泛认可，成为世界各国竞相追逐的热点领域。

（一）人工智能技术进入爆发期

从过去 60 年的经验看，人工智能产业升级的核心驱动力是技术的突破。当前，基础设施（网络环境和计算机硬件设备）建设正逐步完善，人工智能的基础技术（大数据和云计算）也在快速发展，促进了机器学习、自然语言处理、人机交互、生物特征识别等关键技术的突破，这使得人工智能的核心算法能力有了明显提升，有力地推动了人工智能衍生出更多的应用领域，创造出更多的人工智能产品。

根据智能水平的高低，人工智能可划分为三个阶段：计算智能、感知智能、认知智能①。计算是人工智能最基础、最简单

---

① 2017 年中国人工智能行业发展概况及未来发展趋势分析 ［EB/OL］. http：//www.chyxx.com/industry/201703/500670.html，2017–03–04.

的功能，能够帮助人们存储数据、处理信息、传递结果。感知是在计算的基础上，增加了感知世界的功能，即代替人工完成数据的输入工作，常见的例子是人脸识别和语音助手。认知是人工智能的最高境界，达到该阶段的人工智能能够在特定领域完全代替人类完成思考、推理、判断等高难度工作。目前人工智能在感知领域相对成熟，正在尝试进入认知智能阶段，该突破具有较大难度，一旦突破，将促进无人驾驶、自动机器人等应用领域的飞速发展。

（二）人工智能政策支持力度显著加大

近年来，人工智能的重要性逐渐显现，成为世界各国未来发展战略的焦点。2016 年 5 月，美国国家科学技术委员会宣布成立机器学习和人工智能小组委员会，协调人工智能领域的相关工作；同年 10 月，美国国家科学技术委员会发布了《为人工智能的未来做好准备》和《国家人工智能研究与发展战略计划》，较为系统地描述了人工智能发展路径[1]。2016 年 1 月，日本颁布了《第 5 期科学技术基本计划》，提出"超智能社会 5.0"战略，并设立"人工智能战略会议"，促进人工智能发展；2017 年 3 月，日本发布了政府人工智能"工程表"，推动人工智能在现实经济中的应用[2]。2017 年 1 月，英国政府开启"现代工业战略"，对人工智能相关领域增加投入。德国早在 2012 年就将"智能工厂"作为"工业 4.0"的重要计划，并于 2015 年启动"智能数

---

① 美国国家人工智能研究和发展战略计划 [EB/OL]. http://www.sohu.com/a/118826997_483389，2016-11-12.
② 透视日本人工智能战略 [EB/OL]. http://www.sohu.com/a/153429529_99906635，2017-06-30.

据项目"①。目前，我国政府非常重视人工智能的发展，出台了一系列相关支持政策，加快推动人工智能领域的发展（见表 2-1）。

表 2-1　近年来关于人工智能的部分政策

时间	文件	内容
2015 年 5 月	《中国制造 2025》	研究制定智能制造发展战略，加快发展智能制造装备和产品；推进制造过程智能化，深化互联网在制造领域的应用；实施智能制造工程
2015 年 7 月	《关于积极推进"互联网+"行动的指导意见》	依托互联网平台提供人工智能公共创新服务，加快人工智能核心技术突破，促进人工智能在智能家居、智能终端、智能汽车、机器人等领域的推广应用
2016 年 5 月	《"互联网" 人工智能三年行动实施方案》	到 2018 年，打造人工智能基础资源与创新平台，人工智能产业体系、创新服务体系、标准化体系基本建立，基础核心技术有所突破，总体技术和产业发展与国际同步，应用及系统级技术局部领先，形成千亿元级的人工智能市场应用规模
2016 年 12 月	《"十三五"战略新兴产业规划》	在"新一代信息技术产业"中增加了人工智能产业，人工智能将从平台、硬件、软件和应用系统四个方面开展构建
2017 年 3 月	2017 年政府工作报告	"人工智能"首次被写入全国政府工作报告：一方面要加快培育新材料、人工智能、集成电路、生物制药、第五代移动通信等新兴产业，另一方面要应用大数据、云计算、物联网等技术加快改造提升传统产业，把发展智能制造作为主攻方向
2017 年 7 月	《国务院关于印发〈新一代人工智能发展规划〉的通知》	确定新一代人工智能发展三步走战略目标，人工智能上升到国家战略层面。到 2020 年，人工智能技术和应用与世界先进水平同步，人工智能核心产业规模超过 1500 亿元，带动相关产业规模超过 1 万亿元；2025 年，人工智能基础理论实现重大突破，部分技术与应用达到世界领先水平，核心产业规模超过 4000 亿元，带动相关产业规模超过 5 万亿元；2030 年，人工智能理论、技术与应用总体达到世界领先水平，核心产业规模超过 1 万亿元，带动相关产业规模超过 10 万亿元
2017 年 10 月	中共十九大报告	人工智能写入中共十九大报告，将推动互联网、大数据、人工智能和实体经济深度融合

---

① 人工智能大国战略 [EB/OL]. http://www.xinhuanet.com/globe/2017-03/29/c_136168263.htm, 2017-03-29.

续表

时间	文件	内容
2017 年 12 月	《促进新一代人工智能产业发展三年行动计划（2018~2020 年）》	从推动产业发展角度出发，结合《中国制造 2025》，对《新一代人工智能发展规划》相关任务进行了细化和落实，以信息技术与制造技术深度融合为主线，以新一代人工智能技术的产业化和集成应用为重点，推动人工智能和实体经济深度融合
2018 年 3 月	2018 年政府工作报告	人工智能再次被列入政府工作报告：加强新一代人工智能研发应用；在医疗、养老、教育、文化、体育等多领域推进"互联网+"；发展智能产业，拓展智能生活

资料来源：根据公开信息整理。

（三）人工智能在生产领域加速渗透

伴随相关技术的进步，人工智能在与其他行业深度融合的过程中开发了新的市场。智能家居、智能汽车、智能机器人等一系列新兴产品，正逐步影响并颠覆传统行业的生产方式[①]。以智能汽车为例，无人驾驶技术一直备受汽车厂商和科技企业的关注，该技术不仅可以通过远程操控保障车内人员安全，而且可以借助集中控制来疏导车辆，有效改善交通状况。早在 2015 年，新加坡就宣布了无人驾驶汽车试行计划。近年来，无人驾驶汽车研发和测试受到越来越多国家的重视，英国的匹兹堡和伦敦、瑞典的哥德堡先后试行无人驾驶汽车。

（四）人工智能产业规模持续扩大

近年来，人工智能与生产生活结合明显加快，人工智能产业呈现爆发式增长。根据赛迪公司的统计与预测，2015 年全球人工智能市场规模达到了 1683.9 亿元，2018 年将进一步扩大到

---

① 2016~2017 全球人工智能发展报告 ［EB/OL］. http://www.sohu.com/a/161283454_635113, 2017-08-01.

2697.3 亿元，年复合增长率达到 17.0%①。目前，我国人工智能
保持了较好的发展态势。受政府政策的导向作用，资本市场对
人工智能的前景也十分看好，投融资热度持续走高。2017 年，
我国人工智能核心产业规模为 56 亿美元。根据相关规划，到
2020 年我国人工智能核心产业的规模有望突破 1500 亿元，相关
产业的发展规模也将超过 1 万亿元。

第二节　人工智能的技术图谱

　　人工智能是由多种技术构成的复杂体系，需要信息技术、
数据处理技术、识别技术、语言处理技术、深度学习技术相互
协作，涉及数学、计算机科学、心理学、仿生学等众多学科。
狭义上讲，人工智能是使机器具有智能，仅局限在人工智能基
础平台和技术支持等领域；然而由于人工智能与现实应用密切
结合，要适应不同领域的应用需求，解决不同领域的现实问题，
针对不同领域形成各具特色的应用技术，从而形成了相对庞杂
的技术体系，也就是广义层面的人工智能。尽管体系较为庞杂，
但就其本质而言，人工智能具有一些共性的关键技术，也是其
最为核心的内容，如图 2-1 所示。

---

　　① 2018 年全球人工智能市场将逼近 2700 亿元 ［EB/OL］. http://www.ccidnet.com/2016/0824/10174014.shtml，2016-08-24.

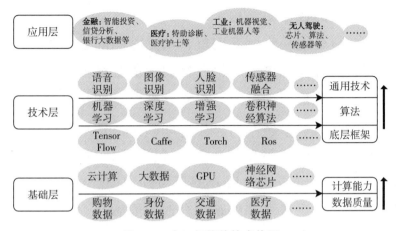

图 2-1 人工智能的技术体系

一、机器学习技术

机器学习是人工智能的一个重要分支，主要用来处理海量数据、深度数据挖掘、整理数据关系等。通俗来说，机器学习的目标是使机器能够模拟人类的学习能力，以获取新的知识和技能。该技术的基本思路是收集大量样本数据，观察得出规律或结论，然后利用这些规律对未来做出预测[①]。监督学习是机器学习中一个非常重要的方面，机器基于给定的问题和答案进行学习，将其一一匹配。AlphaGo 中使用到的技术就是监督学习。AlphaGo 的系统通过对十万盘棋局的获胜方的落子位置进行监督学习，从而模仿了人类在围棋对弈中的思维方式。

二、知识图谱技术

知识图谱是将不同实体（点）通过关系（边）进行相互联

---

① 祝叶华. 人工智能革命"助燃剂"：机器学习［J］. 科技导报，2016（7）.

结，构成网状的数据图结构。有了知识图谱，机器可以将多种多样的信息整合在一张关系网里，从给定的问题出发，从关系的角度去寻找答案。可以看出，知识图谱是模拟人类思考方式而创造的一种数据处理模式，在互联网海量的数据中，可以使机器在寻找、管理数据方面更加智能。目前，知识图谱主要运用在智能搜索、深度问答和社交网络等方面。百度、酷狗、搜狗等大众搜索引擎企业先后开展了对知识图谱的研究和应用，这将使得我们的搜索结果更有针对性和准确性。在深度问答方面，苹果公司的 Siri 是最常见的产品。Siri 的工作模式包括理解问题和搜索答案两个步骤，且这两个过程均离不开知识图谱的帮助。社交网络也是知识图谱在日常生活中的重要应用。在我们日常使用的社交 APP 中，通过输入搜索对象的要求（如"经常去这家餐厅的朋友"等问题），知识图谱会在数据库中准确找到相关的信息并进行输出[1]。

三、人机交互技术

人机交互主要是研究人和计算机之间双向信息交换，可以实现人与计算机之间的信息传输。在传统模式中，人和机器的信息传输主要依靠外部设施，鼠标、键盘、显示器、打印机、音箱是人和技术双方交换信息的主要媒介。但人工智能中所应用的人机交互技术更多的是语音交互、情感交互等方面。首先，语音交互是将人类的音频录入之后，转换成智能系统所能识别的信息类型，对该信息进行处理（即进行语音命令的相应操作）

---

① 徐增林，盛泳潘，贺丽荣等. 知识图谱技术综述 [J]. 电子科技大学学报，2016（4）.

后，再整合成为音频输出。其次，让机器具有情感并能够准确表达情绪也是人工智能面对的重要问题。

四、生物特征识别技术

生物特征识别是指将人类的生理特征（通常是指纹、人脸等易于被观察到的外部特征）当作身份证进行身份识别。从技术流程看，主要包括信息采集和辨认确认两个步骤。首先，系统利用机器（麦克风、图像传感器等）对固定特征（声音、指纹等）采集输入；其次，存储经过预处理的信息，将提取出来的特征与数据库的特征信息一一比对，完成辨认。由于生物特征通常具有唯一性，所以该技术被广泛应用于公共安全、金融、交通等领域。

第三节 人工智能颠覆性创新因素分析

作为一个复杂的体系，人工智能并非单一产品或单一技术的改进，而是对传统生产方式和生活方式的颠覆，对未来人类社会将产生重要影响。同样，复杂系统的颠覆也不是由单个因素决定的，是人类科技、经济、社会发展到一定程度的综合结果。

一、社会需求是人工智能发展的内在因素

当前，世界范围内都在加速推进科技创新，各国对尖端技术的研究更是日新月异。而智能科技在新一轮的科技革命中占

据着十分重要的地位，特别是大数据、云计算、人工智能等技术在各个领域的广泛应用成为新的产业趋势。

目前，人口老龄化越来越成为困扰世界多个国家发展的现实问题。据预测，2020 年将有 13 个国家步入"超级老龄化"社会，即 65 岁以上的老年人占所有人口的 20%。其中最明显的是日本，2017 年日本已经出现了人口负增长，至 2050 年日本 65 岁以上老年人口占总人口的比例可能达到 40%，在世界发达国家中居首位①。随着社会的发展，我国已经开始步入老龄化社会，预计到 2024 年底，60 岁以上的老年人将超过总人口的 20%②。人口老龄化将对社会造成巨大冲击，劳动力供给不足将直接影响经济社会的发展。同时，社会医疗和养老也面临严峻挑战。

人工智能技术基于独特的优势，在解决这些问题时发挥了重要作用。

首先，能够弥补劳动力的不足。面对劳动力供给不足，"智能工厂""无人工厂""智能制造"将大大降低生产企业用工需求，有效降低人口老龄化带来的不利影响。近年来，发达国家开始实施再工业化和制造业复兴计划，人工智能的发展在其中发挥了重要作用，为长期困扰发达国家的劳动力不足和成本上升等问题提供了解决方案。

其次，人工智能将大大提高社会服务效率，降低社会服务成本。人工智能不仅提高了医疗水平，而且"远程医疗"的出现为扩大医疗的范围提供空间，将降低医疗的设备投入和人员

---

① 冯昭奎.辩证解析机器人对日本经济的影响 [J].日本学刊，2016 (3).
② 田恬.智能科技应对老龄化社会——中日科学家高层对话 [J].科技导报，2017 (5).

投入，有效缓解医疗资源不足的状况。同样，人工智能可以帮助护理人员承担诸如协助步行、移动、排泄等基础护理工作，降低其工作强度，提高护理水平。此外，人工智能在改善生态环境方面也能提供有效的帮助。随着社会的发展，在物质财富不断丰富的同时，人类也开始面临诸多现实问题，而这些现实问题的解决有赖于实现新的生产生活方式，人工智能的出现为人类现实问题的解决提供了新的路径。

二、科学技术发展是人工智能的主要策动力

从过去 60 年的发展看，技术的不断改进更新是促进人工智能产业升级的首要推力。人工智能的第一次热潮始于人工智能软件和神经网络的发明，第二次热潮是由反向回馈神经网络算法（即 BP 算法）推动的，当前我们正处于由深度学习带来的人工智能第三次热潮中。与前两次不同，此次人工智能已有部分技术实现了商业化应用，在应用过程中反过来对该技术起到了进一步的推动作用。

近年来，人工智能展现出广阔前景，从 Crowd Flower 这样的创业公司（该公司主要为客户提供结构化数据）到谷歌、微软、Facebook 等大型科技企业，均加大了对人工智能领域的投资，积极推进相关技术的研发，计算机的智能化程度和认知速度均有明显提高。受到政策和资本的双重支持，人工智能技术取得重大突破。在新一代人工智能技术体系中，处于核心地位的深度学习、语音识别、知识图谱等技术实现了阶段性突破，共同推动当下人工智能从感知层次到认知层次的转换，相关的应用技术也与传统行业相融合，极大地推动了人工智能的发展。

人工智能领域的技术性突破主要体现在以下几个方面：首先，基础设施出现了更新换代。新的云计算、大数据集等系统不仅降低了成本，更极大地提高了效率，能帮助技术人员处理更加复杂的信息。其次，人工智能应用领域不断扩大。技术的突破增大了人工智能的应用范围，拓展了人工智能产业链的宽度。此外，技术的进步使得人工智能的原应用领域向下细分深化，带动了生产方式的革命性变化。

三、现代产业体系为人工智能发展提供了空间

数百年工业革命中，人类建成了较为完善的产业体系，物质生活得到了极大改善。经过多轮技术改造升级，生产效率大幅提高，每天全球大量的工业品被生产出来，创造着巨大的财富。如何进一步提高生产效率是人们始终追求的目标，人工智能的出现使得这一目标的实现成为可能。另外，作为对传统方式具有系统性、综合性颠覆的创新，完善的产业体系既为人工智能提供了支撑，又为人工智能的应用创造了条件。现代制造业的快速发展，能够满足人工智能对于自动化生产线、智能机器人、数控机床、电子元件的高标准要求，为人工智能的发展打下了坚实的基础。

（一）制造业

制造业在为人工智能发展提供配套设施的同时，也是人工智能应用最为广泛的领域，极大地促进了人工智能的发展。当前，作为经济重要组成部分，制造业正在逐步进入智能化时代。人工智能与传统制造业深度融合的基础是信息通信技术和制造技术改良，在此基础上，人工智能贯穿制造过程的每一个环节：

人工智可以帮助生产商设计出更符合客户要求的产品，处理更多精细的运营维护工作；大数据和机器学习等人工智能的核心技术是智能设计、大规模生产、远程管理、集中优化的基础；现代制造业对流水线设备的要求越来越高，对精密仪器的精密程度要求也不断上升，自动识别、人机交互、生物特征识别等技术可以有效解决这一问题。以汽车产业为例，"十一五"以来，受到国家产业政策的大力支持，我国汽车生产销售量均保持高速增长，从 2005 年到 2016 年，产量由 570.77 万辆增长至 2811.88 万辆，销量由 575.82 万辆增长到 2802.82 万辆，年增长率均超过 15%。2009 年超越美国，成为全球最主要的汽车生产和消费国。越来越大的汽车需求和生产要求促使汽车产业积极寻找更加自动化的生产方式，智能工厂、工业机器人在汽车产业的大范围应用，极大地促进了汽车产业发展。

（二）教育领域

从本质上看，人工智能本身就是一个逐步培养机器自主学习能力的学科，而人类的学习也有类似的过程，因此人工智能在教育行业的应用似乎十分自然。智能教育的目的在于通过人工智能工具深入细致地了解到学习这一过程是如何发生的，会受到周围哪些因素的影响以及影响程度的高低，从而为人类学习者提供更高效和个性化的学习方案。人工智能的不断改进和应用范围的持续扩大使越来越多的智能教育产品出现在市场上，促进了教育水平的提升。

1982 年首次出现的智能导师是智能教育的一个重要产品，该产品利用生物特征识别技术和自然语言处理技术，根据学生本人的生活习惯、学习环境和性格特征为其制定有针对性的学习计划，大大提高了学生的学习效率①。

（三） 医疗领域

人工智能在医疗行业中的应用，主要集中在疾病预测、医疗影像诊断、辅助诊疗等方面。利用数字化模式和计算机视觉等技术，对生命体的健康体征进行采集和检测，使得更多人享受到医疗服务。人工智能能够将每个人的身体健康情况准确及时地传递到大数据平台上，防止疫情扩散。医疗影像诊断方面，人工智能技术可以对患者不同状态下的病理特征进行组合和分析，为医护人员的病因判断和治疗方案决策提供有力支持。辅助诊疗方面，主要以人机交互和智能识别为基础，将部分信息传递工作交由机器完成，提高医护人员的工作效率②。

（四） 金融

金融行业的基础是庞大的数据体系，处理数据的能力是金融行业正常运行的保证，也为人工智能的应用提供了初级平台。在现代社会的所有行业中，金融业与数据结合最为紧密，因为金融本身是用数据说话的行业，几乎所有的业务都可以概括为数据的挖掘与处理。由此可见，人工智能与金融行业的融合发展具有天然优势。

在客户服务方面，人工智能技术的应用可帮助其进行金融决策。智能机器的机器学习技术可以科学快速构建出投资决策体系，作为客户强有力的投资顾问。近年来，智能投资顾问已经越来越受到投资者的青睐。2015 年，智能投资顾问管理的资

① 闫志明，唐夏夏，秦旋等. 教育人工智能（EAI）的内涵、关键技术与应用趋势——美国《为人工智能的未来做好准备》和《国家人工智能研发战略规划》报告解析[J]. 远程教育杂志，2017(1).
② 人工智能标准化白皮书 2018 [EB/OL]. http://www.cesi.ac.cn.

产规模已上升至 290 亿美元，在未来十年还将继续保持快速增长，总规模有望达到 5 万亿美元①。在宏观市场方面，人工智能凭借其出色的计算能力，将被广泛应用于风险规避方面。通过对国家金融领域的大数据的分析，可以实行金融风险的预警和防范，促进金融市场的健康发展②。

第四节　案例启示

人工智能的兴起和发展充分展现了科技推动型颠覆性创新的内在规律，体现了科学研究在颠覆性创新中的作用。同时，人工智能与生产生活的深度融合也代表了综合型颠覆性创新发展的轨迹，即从最初的想法和试验，到技术和工程突破，再到与现实产业融合发展。人工智能过去 60 年的发展历程为了解科技如何推动颠覆性技术创新提供了一些启示和经验。

一、强化基础研发能力，激发对未知领域的渴望

系统性、整体性的创新来源于科学原理的突破，新原理的出现将全面提升人类对人类社会和自然的认识，这也为人类社会进入新的阶段指明了方向。赋予机器智能，机器能够替代部分人的功能是由来已久的梦想，但相关原理和知识的出现才使

---

① 吴俊，陈亮，高勇. 国外人工智能在金融投资顾问领域的应用及对我国启示 [J]. 金融纵横，2016 (6).
② 程东亮. 人工智能在金融领域应用现状及安全风险探析 [J]. 金融科技时代，2016 (9).

其向现实迈进。重大科学成果的形成有赖于国家和社会的创新氛围，强有力的基础研发能力是科学发现的重要保障。在加大基础研发投入的同时，要特别注重创新文化的打造，特别是增强社会大众对科学的兴趣和对未知世界进行探索的欲望。目前，我国教育体制与创新的发展仍存在较大差距。教育方式过于追求知识的灌输，而忽略了兴趣和能力的培养。青少年好奇心强、求知欲旺，应加强科学启蒙教育，增强青少年对未知世界进行探索的动力和能力。

二、深化体制基础创新，促进科研机构协同合作

起初，人类只是打算制造可以进行复杂计算的机器，图灵测试之后，学者发现机器也有模仿人类进行逻辑推理的可能性，由此开始了人工智能领域的技术研究。在人工智能 60 多年的历史中，研究人员涉足了包括计算机、博弈论、控制学、通信技术、感应技术各个领域，单个领域技术的突破并不能带动人工智能整体飞跃，所有相关领域的技术进步才能共同推动人工智能领域发展。综合看，人工智能的发展是众多技术创新的综合结果。从人工智能的发展历程可以看出，不同技术部门的协作是系统性创新的重要条件。目前，我国科技体制仍有许多需要进一步完善的地方，特别是市场机制还没有充分发挥作用，全面深化改革、积极破除制度壁垒、理顺科技创新主体之间关系是推动我国颠覆性创新发展的重要保障。

三、注重发挥产业优势，提升颠覆性创新能力

如前所述，完善的产业体系是人工智能发展的关键因素，

与现实产业融合极大促进了人工智能的发展。近年来，学者逐渐开始意识到产业体系对创新的重要性，哈佛大学商学院 Pisano 教授论述了制造业对于创新的重要性，将其作为美国制造业复兴政策的基础①。综合看，我国在人工智能关键技术研发领域优势并不明显，但近年来得益于完善的制造业体系和广阔的市场需求，我国人工智能发展迅速，成为世界人工智能发展重要区域。基于我国创新发展的现实背景，在加强基础研发的同时，应注重发挥产业体系完善的优势，以产业应用为突破口，通过创新链的下游带动人工智能上游研发能力的提升，进而促进人工智能全面发展。需要特别说明的是，注重产业优势并非仅提供应用市场，而是要积极参与人工智能产业应用创新，在人工智能应用创新领域发挥主导作用。

① Gray P. Pisano，Willy C. Shih. Producing Prosperity ［M］. Harvard Business Review Press，2012.

第三章

特斯拉：基于新市场的颠覆性创新

特斯拉是以搅局者的身份进入汽车市场的。在此之前，汽车行业经历了近百年的沉睡，汽车制造技术基本上没有取得突破性进展，行业被通用汽车、福特、丰田和本田等 10 余家汽车厂商垄断，以经销商为渠道链的势力格局难以撼动。智能豪华电动汽车品牌特斯拉的出现，可以说改变了传统的汽车产业生态，正在推动汽车行业进行变革和创新。在特斯拉的影响下，很多汽车厂商如宝马、奔驰、奥迪、丰田等都加快了电动车或者插电混动车的研发速度，汽车行业的格局正在发生变化。电动汽车并非新鲜事物，特斯拉的成功不是因为它在技术上取得了突破性进展，而在于它重新定义了电动汽车，创造了一个新的市场。

第一节　电动汽车发展历程

电动汽车，顾名思义，就是以车载电源为主要动力，通过电机驱动行驶，符合相关法律规定要求的车辆。电动汽车可以分为两大类，纯电动汽车和混合动力汽车。1873年，英国的罗伯特·戴维森发明了全球首台电力驱动汽车，比德国人戴姆勒与本茨发明的汽油动力汽车还要早10余年。

第一台电动汽车用的是铁、锌、汞合金与硫酸反应的一次性电池。1880年后，可以多次充电的电池出现，一次性电池逐渐被淘汰，这是电动汽车行业发生的第一次变革。电动汽车的需求量有所增加，在美国、法国、英国等国家成为重要的交通运输工具之一。与此同时，车用内燃机技术还比较落后，车辆行驶里程较短且非常容易发生故障，相比较而言，电动汽车操作简单，使用、维修都更方便。根据美国人口调查局的数据，1900年美国电动汽车生产量占全国汽车总产量的比重高达28%，电动汽车销售值超过了汽油车和蒸汽汽车之和。

进入20世纪后，燃油汽车技术不断进步，成本也大幅下降。1908年福特公司成功研制出T型汽车，并借助流水线大量生产，燃油汽车开始得到大规模推广和使用。与此同时，蒸汽汽车和电动汽车在技术经济性方面的不足逐渐显现出来，在市场竞争过程中处于劣势，发展速度放缓。在此后的相当长一段时间内，燃油汽车独霸市场，在全世界范围广泛应用，电动汽车和蒸汽汽车逐渐淡出舞台。

20世纪60年代，电动汽车又逐渐受到关注，其中很重要的原因就是出于对燃油汽车造成的空气污染和雾霾困扰等因素的考虑。1970年，美国颁布了《清洁空气法案》，紧接着1973年第一次石油危机爆发，燃油汽车替代品的开发越来越受到重视。1976年，美国国会通过了一项支持研究和开发电动汽车和混合动力汽车的法案。通用、福特等大型汽车公司也都开展了电动汽车研发。相关的材料技术、电池技术获得了更多的支持和发展，尤其是电池技术不断取得突破，为电动汽车的进一步发展打下了良好的基础。

20世纪70年代，虽然电动汽车市场有所复苏，但是总体来说，电动汽车销量并不可观，甚至可以说没有一种电动汽车达到商用规模。制约因素主要有时速、安全性、续航里程和外形设计等。因此，这个时期电动汽车并没有得到较快发展，反而又沉寂了一段时间。

随后，由于汽油价格上升，加上政府对气候环境问题的重视，电动汽车又再次获得重视。1990年，美国颁布了《清洁空气法修正案》，随后又在1992年颁布了《能源政策法案》。随后，大众、通用、丰田等汽车厂商相继推出了电动汽车和混合动力汽车，如通用的EV1和丰田的Prius在当时都受到了欢迎。尤其是Prius获得了较大成功，它是第一批规模化生产的混合动力汽车，进入市场的第1年销量就超过5万辆。插电式混合电动车以及纯电动车逐渐成为重要的发展方向，这个时期纯电动汽车（包括EV1等）的续航里程一般在100~150公里。

2008年，特斯拉推出第一款Roadster电动跑车，其续航里程超过了380公里，向行业最顶尖的超级跑车发起挑战，也开始搅动整个电动汽车市场。2012年，特斯拉继续推出ModelS，续航里程将近500公里，成为市场上续航里程最长的电动轿跑车，在性能方面可与传统汽油车比肩，百公里加速耗时不到3秒。另外，从一开始特斯拉电动汽车就定位为高端时尚纯电动轿跑车，汽车售价高达十多万美元，一改过去电动车绿色、环保、经济、低价的产品形象。之后，特斯拉又陆续推出 ModelX、Model3（2017 年）等产品，续航里程和性能得到了进一步提升。虽然在很大程度上讲，特斯拉电动汽车属于小众化产品，但是它挖掘了电动汽车的一个新市场。

虽然在此之前，已有电动汽车实现量产销售，但是特斯拉电动汽车的出现，让奔驰、宝马、通用等老牌汽车生产商感到了威胁。在特斯拉的影响下，很多汽车厂商都加快了电动车或插电式混动车的研发、生产速度。例如，通用汽车最近推出的 Chevy Bolt 就直接对标特斯拉 Model3。可以肯定的是，特斯拉电动汽车刮起的这阵旋风绝不会到此为止，在电动汽车领域，传统老牌汽车生产商卷土重来，对于整个汽车行业的格局都将产生深远影响。

第二节　电动汽车技术研发现状与趋势

电动汽车的发展历程与其核心技术的研发进展密不可分，可以说，电动汽车产业发展快慢完全受制于电动汽车核心技术的发展水平。电动汽车核心技术主要包括电机驱动技术、能量管理系统（EMS）和动力电池技术。

一、电机驱动技术

驱动电机是电动汽车的核心部件之一。常用的几种电机包括直流电机、感应电机、永磁电机和开关磁阻电机，各种驱动电机性能参数如表 3-1 所示。

表 3-1　电动汽车电机性能参数

	直流电机	感应电机	永磁电机	开关磁阻电机
峰值效率	85%~89%	90%~93%	95%~97%	<90%
负荷效率	80%~87%	79%~85%	90%~92%	78%~86%
功率密度	低	中	最高	高
寿命	短	长	长	长
可靠性	差	好	中	好

资料来源：根据相关资料整理。

直流电机研制较早，制造技术也比较成熟，具有控制装置简单、成本低的特点。在早期开发的电动汽车（Electric Vehicle，EV）上，最常采用的就是直流电机，且持续了很长一段时间。但是，直流电机系统的缺点也很明显，比如重量大、效率低等，限制了它在电动汽车中的应用。随着电力电子技术的发展和新材料的研发与应用，直流电机驱动系统逐渐被其他驱动电机系统所取代[①]。

20 世纪 90 年代，随着技术的进一步发展，交流电机得到了迅速应用，较为成熟的是感应电机。感应电机具有结构简单、运行可靠、经久耐用、价格低廉、噪声低等优点，很快替代了直流电机。

永磁电机可分为永磁同步电机和无刷直流电机两类。永磁同步电机比功率大，效率高，在电动车领域已经得到了大量应用。比较流行的几款电动车型都由永磁电机驱动，包括日产 Leaf、丰田普锐斯等。无刷直流电机可靠性高，输出功率大，具

---

① 柴海波，鄢治国，况明伟等. 电动车驱动电机发展现状 [J]. 微特电机，2013，41（4）：52-57.

有体积小、重量轻、便于维修、高效率、高功率等特点，也非常适合电动汽车使用，因此，国内外对该电机的研究热情较高。

开关磁阻电机具有结构简单坚固、成本低、起动转矩大和低速性能好等优点。但是，由于噪声和振动较大的问题尚未完全解决，开关磁阻电机的应用并不普遍。

综合来看，目前永磁电机虽然应用较为广泛，但是仍然存在一些不足之处，例如在极端环境下，永磁材料可能发生退磁现象，带来严重后果。另外，成本高也制约了永磁电机系统的应用[①]。

二、能量管理系统

能量管理系统（Energy ManagementSystem，EMS）是以微处理器为核心的电控系统，包括微处理器、传感器和执行器，是电池和整车的核心部件。EMS 控制能量在电力储存装置、发电设备和电动马达之间，包括电力电子转换器、控制系统和辅助存储设备中流动。

电池组的管理（一般也称为电池管理系统，Battery Management System，BMS）是电动汽车能量管理系统的核心部分。在电动汽车中，通过 BMS 对电池组实施有效的管理，对确保电动汽车的安全、保持电池组性能、延长电池组寿命、提高电池使用效率有重要意义，也将提高整个系统的可靠性和稳定性。[②]

---

① 曲荣海，秦川.电动汽车及其驱动电机发展现状与展望［J］.南方电网技术，2016，10（3）：82-86.
② 吕帅帅，汪兴兴，倪红军等.电动汽车能量管理系统的功能及研究进展［J］.电源技术，2014，38（2）：386-389.

一开始电池管理系统只是用于监测电池电压、温度、电流。随着动力电池技术的发展和动力电池在电动车中的应用和推广，对电池管理系统的要求越来越高，电池管理技术的发展也越来越快。电池管理系统已经从监控系统逐渐向管理系统转变。

为了满足电动汽车运行的需要，电池管理系统必须在功能、可靠性、实用性、安全性等方面取得突破。第一，在检测方面，需要提高电压、温度及电流的测量精度；第二，在过充电和过放电控制方面，增加通信功能；第三，在充电过程中，与充电机通信能实现协调控制和优化；第四，在数据处理方面，增加电池故障的实时分析能力，对故障进行定位；第五，在可靠性方面，结合现代大规模集成电路技术，提高系统运行的抗干扰能力；第六，在均衡方面，增加电池的均衡控制能力；第七，在数据库管理方面，配备电池运行和充电数据的数据库管理系统。

尽管最近几年能量管理系统研究取得了一定进展，也有了一些应用成果，但是仍然有许多需要改良和完善的地方。例如，目前电池能量管理系统成本高昂，在充放电过程中电池的化学反应也很复杂，而且电动汽车运行中放电电流是随机的，电池电压与容量很难进行准确测量，如何降低成本并准确测量电池模块的荷电状态仍是后期研究的重点。另外，电池模块的安全预警技术也是未来的重要研究方向之一。

三、动力电池技术

动力电池系统主要由电池组、电池管理系统（BMS）以及电池箱体等组成。电池组由单体电池及由其连接而成的电池模块组成，其主要功能是存储电能，满足汽车行驶的需求①。在电动汽车发展过程中，出现过很多不同类型的电池，其中最主要的有铅酸电池、镍氢电池和锂离子电池三类。

1. 铅酸电池

铅酸蓄电池的电极由铅及其氧化物制成，电解液为硫酸溶液。荷电状态下，正极主要成分为二氧化铅，负极主要成分为铅；放电状态下，正负极的主要成分均为硫酸铅②。自 1859 年诞生以来，铅酸电池已经历经 150 多年，应用在交通、通信、电力、军事、航海、航空等众多领域。铅酸电池在汽车领域应用也较为广泛，主要作为内燃机汽车内部各种电器和电子设备的电源。另外，由于铅酸蓄电池的性能可靠，价格低廉，技术较成熟，在早期的电动汽车上也得到一些应用。例如，铅酸蓄电池作为动力电池，应用在旅游观光车、电动叉车或者短距离行驶的公交车上。

但是，铅酸电池具有比能量和比功率低、质量重、过充、放电性能差、易自放电、快速充电、续航行程短的缺点。增大电极的表面积可以提高电池的功率密度，但是会加快侵蚀速度而缩短电池寿命。其使用寿命还受到充放电方式的影响。铅酸电池作为动力电池，未来研究的重点是解决比能量低，以及高倍率部分荷电状态时寿命严重缩短的问题③。

近期开发的第三代圆柱形密封铅酸蓄电池和第四代 TMF

---

① 张剑波，卢兰光，李哲. 车用动力电池系统的关键技术与学科前沿 [J]. 汽车安全与节能学报，2012，3（2）：87-104.
② 赵鸿滨. 纯电动车电池的发展现状和前景 [J]. 电源技术，2015，39（3）：631-632.
③ 宋永华，阳岳希，胡泽春. 电动汽车电池的现状及发展趋势 [J]. 电网技术，2011，35（4）：1-7.

（箔式卷状电极）密封铅酸蓄电池已基本解决上述部分问题，目前已应用于部分电动汽车和混合动力汽车。

2. 镍氢电池

镍氢电池主要由电极材料、电解液、金属材料及隔膜构成。其中，正极材料决定电池容量，负极材料决定大电流或高温工作时电流充放电的稳定性。目前，正极材料多用高密度氢氧化镍，负极材料为储氢合金粉。

与铅酸电池相比，镍氢电池的能量密度提高了 3 倍，比功率提高了 10 倍。镍氢电池具有耐过充过放、快速充放电能力强、低温性能好、比功率高等特点，是应用较为广泛、技术相对成熟的动力电池。

但是，镍氢电池也存在自放电率高、比能量较小等缺点，只能用在混合动力汽车上[①]。目前，市场上销售的大多数混合动力车采用镍氢电池作为辅助动力。就二次电池材料和电池技术的发展阶段而言，在混合动力汽车中，镍氢动力电池的技术仍是最为成熟、综合性能最好的。因此，随着新能源汽车的继续发展，镍氢动力电池仍将保有一定的市场份额。

3. 锂离子电池

20 世纪 90 年代，锂离子电池开始了商业化应用。锂离子电池是锂离子可以在正负极之间反复进行嵌入、脱出的一种高能二次电池。锂离子电池的结构同样包括锂离子金属氧化物构成的正极、负极和电解液。

与镍氢电池相比，锂离子电池工作电压较高，比能量是镍

---

① 崔俊博，张勇，王晶星. 电动汽车用动力电池的研究 [J]. 新技术新工艺，2010（9）：81-84.

氢电池的 3 倍，具有体积小、质量轻、循环寿命长、自放电率低、无记忆效应且无污染的优点。

正极材料的性能直接影响了电池的性能，同时，正极材料也决定了电池成本的高低。因此可以说，锂离子电池的发展取决于锂离子电池正极材料的发展[1]。锂离子电池的正极材料主要有锂钴氧化物、锂镍氧化物、锂锰氧化物、磷酸铁锂等，负极材料主要有石墨、钛酸锂等。不同正极材料的锂离子电池性能参数如表 3-2 所示。

表 3-2　不同正极材料的锂离子电池性能参数

阴极材料	理论容量 （毫安·小时/克）	实际容量 （毫安·小时/克）	工作电压（伏）	安全性能	成本
$LiCoO_2$	274	140~155	3.7	一般	高
$LiNiO_2$	274	190~210	2.5~4.2	差	居中
$LiMn_2O_4$	148	90~120	3~4	好	低
$LiFePO_4$	170	120~160	3.2	很好	低

资料来源：根据相关资料整理。

锂离子电池技术优越性及其在电动汽车领域的大规模应用，已激发全球范围内的研究兴趣。目前在电动汽车动力电池中，磷酸铁锂电池应用最为广泛。磷酸铁锂电池具有热稳定性高、安全性较好、价格较低等特点，因而成为小型电动汽车和插电式混合动力汽车的首选。但是，磷酸铁锂电池的比能量、比功率和运行电压相对较低，在大型纯电动车应用方面不如钴酸锂电池、锰酸锂电池等电池[2]。特斯拉就是将钴酸锂电池作为其电

---

① 赵鸿滨. 纯电动车电池的发展现状和前景 [J]. 电源技术，2015，39（3）：631-632.
② 宋永华，阳岳希，胡泽春. 电动汽车电池的现状及发展趋势 [J]. 电网技术，2011，35（4）：1-7.

动汽车的动力电池。

第三节　特斯拉的架构型创新和核心技术专利

特斯拉电动汽车在技术上并没有取得巨大突破，不属于突破式创新的范畴。但是，它给成形已久的汽车市场带来了不小的冲击和颠覆。它的颠覆性体现在它实现了基于架构技术的颠覆性技术创新。因此可以说，特斯拉式的颠覆性创新属于企业主导的架构型创新。

正如第一章中所说，架构型创新是指基于现有技术/知识，在核心功能不改变的情况下，采用不同的架构方式，带来产品的改变和获得新的市场空间。特斯拉正是在这个意义上，另辟蹊径，选择了轻资产、快速迭代的方式进行了架构创新，实现了对技术门槛极高、投入成本巨大的传统汽车行业的颠覆。

当然，除了基于架构技术的颠覆性技术创新，特斯拉也掌握了大量核心技术专利。从特斯拉在美国的 300 多项核心专利来看，大部分都是与电池板结构、电池冷却系统、充电装置等电池管理系统有关，这也是特斯拉技术最核心的部分。

一、零部件和整装生产的分包和外包

特斯拉将电动汽车零部件和整装生产进行分包和外包，加快了开发和生产的速度，同时利用成熟厂商的零部件也能够保证特斯拉的整车质量。

首先，特斯拉将其最核心的功能组件——钴酸锂电池外包给松下。特斯拉采用的是 18650 型（电池直径 18 毫米，长度为 65 毫米，0 表示圆柱体型）电池，这类电池广泛用于数码相机、手机、笔记本电脑等电子产品。这种电池能量密度大，稳定性好，一致性高；单体电池尺寸小但可控性高；技术较为成熟，生产自动化程度高，出货量大；全球每年生产数十亿个 18650 型电池，安全级别不断提高。针对电动汽车的应用环境，特斯拉使用的 18650 型电池技术标准也高。例如，从电池的能量密度来看，特斯拉使用的钴酸锂电池的能量密度比同时期其他锂电池高 50% 以上。特斯拉选择松下 18650 钴酸锂电池，可以有效降低电池系统成本，电池的效率和安全性也能得到保障。

其次，从车身金属材料来看，特斯拉采用美国铝业公司生产的铝材来制造底盘和车身板件。特斯拉致力于打造最安全的电动汽车，这就要求它在金属材料选择上与一般汽车有所不同。特斯拉没有专门研发金属材料，而是向 SpaceX 学习，最后决定采用全铝车身。铝增强材料的使用，加上航空航天级硼钢螺钉的加固，在降低车身自重的同时，极大增强了特斯拉汽车的抗冲击性，在保障汽车安全性的前提下，大大降低了能耗。[①]

最后，电机驱动装置外包给中国台湾富田电机制造。特斯拉采用的是感应电机驱动，相对传统永磁电机，不仅体积小、重量轻、对工作温度要求低、可瞬时输出到最大扭矩，且在全寿命内基本无须保养。特斯拉掌握这种电机的知识产权，外包给中国台湾富田电机制造。另外，特斯拉在常规后轮驱动的基

---

① 郭晓际. 特斯拉纯电动汽车技术分析 [J]. 科技导报，2016，34（6）：98-104.

础上，在前轴加装了一台电机，实现了双电机驱动。两台电机分别对前后轮扭矩进行数字化独立控制，能够实现卓越牵引力，提升精准度。此外，双电机数字化扭矩独立控制与低重心设计相结合，有效地增强了车辆的可操控性和抓地力。技术与设计创新令特斯拉的产品在行业内具有绝对领先优势。

另外，特斯拉在整车架构技术方面与戴姆勒奔驰和沃尔沃进行深度合作，融入了传统车企成熟的整车技术和高效的生产方式。这一系列的架构创新方式都对特斯拉的快速崛起起到了加速的作用，使得特斯拉这位后来者能够轻装上阵，在难以被撼动的汽车市场格局中寻找到一个突破口。

二、电池管理系统核心技术

电池管理系统是电动汽车核心技术中的核心。特斯拉掌握的核心技术正是这一部分。它其实是在现有锂电池的技术水平上，通过改进电池管理系统，使电动汽车的续航里程和安全性有了质的飞跃。

特斯拉并不介入动力电池的研发、生产、制造环节，而是直接采用松下的钴酸锂电池组，它将重心放在对电池的管理控制上。因为电池管理系统才是动力电池应用的关键技术。过去车企一直将注意力放在电池性能的改进上，特斯拉则另辟蹊径，并且取得了成功。

特斯拉的电源系统采用分级管理模式。以特斯拉的第一款电动汽车 Roadster 跑车为例，其电源系统结构组成情况为：①每 69 节电池串联构成一个 Brick；②每 9 个 Brick 串联构成一个 Sheet；③每 11 个 Sheet 再串联，构成整个电池包。在电池包中，Sheet

是最小的可更换单元，如果系统检测到某节电池出了问题，只需更换这节电池所在的 Sheet；对每一个层级均进行监控，每节电池的两端均设有保险丝，一旦这节电池过热或电流过大则立刻熔断，每个 Brick 的两端、每个 Sheet 的两端也都设置有保险丝，一旦电流过大则立刻熔断。在每个 Sheet 层面上，均设置有电池监控面板，用于监控 Sheet 内每个 Brick 的电压、温度以及整个 Sheet 的输出电压；在电池包层面，设置有电池监控系统，用于监控整个电池包的电流、电压、温度、湿度、方位、烟雾等工作环境；在车辆层面，设置有整车监测系统，用于监控电池监控系统。[①] 这样的分级管理模式，便于发现故障并及时维护。[②]

三、快速充电技术

电动汽车对充电装置的要求很严格，例如，充电枪在使用前要经过防风、防寒、防沙、防水、耐热、耐腐蚀等 100 多项性能测试，各项性能都测试合格后，才能投入使用。因为充电装置一旦漏电，很可能就会酿成安全事故。另外，充电时间太长也是过去制约电动汽车发展的一个重要原因。但是，对于电池组来说，短时间、大电流会导致电池温度迅速上升，容易起火或爆炸。

在电池的充电控制方面，特斯拉也有其独到之处。特斯拉开发的超级充电桩，20 分钟可充进一半的电量（可行驶超过

---

① 祝晶，刘少兵，刘青掌. 特斯拉电动汽车崛起原因浅析和启示 [J]. 科技视界，2015（23）：205.
② 谢靖飞，谢泽川，郭一祺，吴福慧，郭兵. 特斯拉电源管理系统和快速充电技术的研究综述 [J]. 东莞理工学院学报，2016（3）：83–89.

200 公里），80 分钟即可充满。这种充电速度远远超过其他电动汽车，能够满足驾驶电动汽车出行的需求。这主要归功于特斯拉独特的充电装置设计，其中的关键就是充电枪的特殊设计，即在充电枪内置感应器。充电时，充电枪内置的感应器会随时检测车内电池的温度变化，如果温度过高，充电枪就立即发出信号，降低充电强度，使电池温度降低；同时，电池板内的冷却系统也同步做出反应，加大冷却力度。也就是说，特斯拉在充电枪内置感应器，用于感知电池状态的变化，并且可以根据电池温度高低，自动调节充电强度。

看似简单的充电过程，是充电枪、充电桩电流、电池冷却系统之间高度协同工作的过程。这也是特斯拉的核心技术之一。

第四节 特斯拉的商业模式创新

特斯拉的商业模式创新体现在两个方面：一是"体验店＋网络直销"的营销模式；二是提供先进的服务理念，追求极致的客户体验。颠覆传统 4S 店/经销商模式，以及先进的服务理念和客户体验创新，为特斯拉赢得客户奠定了重要基础，也是特斯拉竞争力之所在。

一、"体验店＋网络直销"营销模式创新

特斯拉的"体验店＋网络直销"模式是对汽车行业传统营销模式的颠覆。传统的汽车营销模式是通过 4S 店或经销商进行

的。一般 4S 店位置比较偏僻，占地较大，顾客与 4S 店之间存在信息不对称的问题，这也是传统营销模式下普遍存在的问题。

特斯拉绕过这个模式，它的销售渠道包括体验店和网络直销。顾客可以到体验店去体验产品，而体验店的销售人员不会进行任何推销，如果需要购买，可以在网上订购，订单审核通过后，会直接从厂家寄送给顾客。体验店的地点也与 4S 店不同，通常是市区人流较大的高端购物中心，购物环境也比较舒适，除了体验以外，还可以在网上预约试驾。特斯拉的这种营销模式，一直以来都遭到了传统汽车经销商的集体抵制和抗议。

特斯拉的预订购买模式也非常具有特点。购买特斯拉的典型流程是"车型了解、意向购买→门店体验、预约试驾→官网预订、支付定金→工厂接单、定制生产→支付尾款、车辆交付"，由于太过抢手，加上生产规模有限，顾客经常需要预订几年后才能收到产品（汽车）。不同车型所需预付的定金不同，这种预订模式和传统的汽车购买模式正好相反。通过这种预订购买模式，特斯拉创造了大量的现金流，而这又为后续的研发提供了强有力的支撑。

对于消费者来说，与传统 4S 店经销模式相比，特斯拉"体验店 + 网络直销"模式减少了中间环节，简化了购买流程，提供了不一样的购物体验。线下体验店可以提供标准化、专业化以及不以现场直接成交为目的的体验服务；线上购买明码标价，透明消费。另外，由于车辆定制化生产，可以为消费者提供多种选择，凸显个性化和差异化[1]。

---

① 陈正奇，姜宜龙. 从特斯拉汽车现象看品牌营销之道 [J]. 中国外资，2013（18）：201.

特斯拉"体验店＋网络直销"对传统营销模式的颠覆，不但为企业发展提供了资金保障，也得到了市场的认可，特斯拉这一汽车领域后起之秀的股价从开始的 20 美元涨到现在约 300美元，市值超过 500 亿美元，与通用、福特等百年汽车企业不相上下。

二、服务与客户体验创新

特斯拉的产品策略可以归纳为采取奢侈品市场定位的策略进入高端电动汽车市场。特斯拉从品牌设计之初就定位为智能高端电动跑车，采用全铝车身，不仅颠覆了过去人们对电动汽车笨重、续航里程短的传统认知，同时也解决了豪华燃油跑车排量大、不环保等问题。作为一款市场定位为奢侈品的高性能跑车，特斯拉从一开始就将目标客户群锁定为社会的富有阶层和社会名流，通常这类客户群体具有对产品价格不敏感、热衷于体验新事物或关注环保等特点。因此，特斯拉这种不面向大众消费者，而专注于"小众高端"这一细分市场的错位竞争策略，为其撬动汽车市场格局打下了基础。

特斯拉用超级跑车的标准重新定义了电动汽车，对于用户来说，特斯拉汽车不再是单纯的交通工具，而是可移动的智能空间。特斯拉的服务与客户体验创新表现为它给客户带来前所未有的体验。首先，不同于普通汽车，特斯拉电动汽车的控制中心是 17 英寸的触摸控制显示屏，集成了所有的电子开关，可以联网更新操作系统，并且可以通过手机 APP 实现远程控制。其次，特斯拉为客户提供 8 年的免费电池维修及更换服务，用户基本上不用考虑电池保养更换的问题。最后，针对过去电动汽车充电不方便的问题，它在全国用太阳能板建设充电网点，为电动汽车提供免费充电服务，解决用户驾驶电动汽车出行的后顾之忧。此外，它还为没有时间充电的用户提供"Live Pack Swap"更换电池服务，更换整个电池包只需 90 秒。这些都是特斯拉先进的服务理念和追求极致的客户体验的体现。

第五节　案例启示

特斯拉的成功不在于它在技术上取得了多大突破，而是在于它利用已有技术，采取不同的架构方式，带来让人耳目一新的产品和获得新的市场空间。特斯拉电动汽车的创新是一种基于架构技术的颠覆性技术创新，它没有采用传统汽车制造商的生产和经营模式，而是将零部件和整装生产等环节进行了分包、外包，自己掌握电池管理系统和快速充电技术等与电池控制相关的核心技术，加上"体验店＋网络直销"的营销模式，以及追求极致的客户体验，在难以被撼动的汽车市场格局中开辟了一个"小众高端"的细分市场空间。而且，在特斯拉的影响下，传统汽车制造商终于有了危机感，开始加快研发和推出电动汽车。过去以传统整车企业为中心、大规模生产和销售模式为主导的传统汽车产业格局也在发生变化，以满足消费者个性化消费和出行服务为中心、多主体并存的新型产业格局正在形成。

特斯拉的成功，是典型的企业主导的颠覆性创新，具体来说，是一种架构型创新。而根据克里斯坦森对颠覆性创新的定义，特斯拉的创新起步于新市场，着眼于要求较高的顾客群。虽然特斯拉的成功模式难以复制，但是却可以给我们一些启示。新技术的产生和发展当然是推动人类社会进步的原动力，但是基于现有技术，采取不同的组织/架构方式，也一样能够有所创新，并且取得成功。特斯拉的成功模式对于我国电动汽车企业乃至其他行业的企业都具有十分重要的借鉴意义。

首先，必须实行差异化战略，避免低水平的同质竞争。从特斯拉的成功模式中，企业应该学习它的产品策略，倒不是说一定要走高端切入市场的路线，而是它与市场需求高度契合的产品定位策略，让它在原有汽车市场格局中迅速打开局面，占领一个细分的新市场。企业应立足自身优势，实行差异化战略，在现有市场中寻求细分市场切入，避免与市场中已有企业的同质竞争、低水平混战。

其次，同时注重技术创新和服务创新。技术和服务都处于微笑曲线的两端。在核心技术上要实现突破性创新，或者说取得重大技术突破毕竟非常困难，而且需要长时间的技术积累。但是渐进型创新、架构型创新相对容易得多，这类创新如果能成功实现商业化应用，同样能够在市场上占据一定的地位，甚至成为行业搅局者或颠覆者。另外，服务创新也很重要。特斯拉是以互联网的思维造车，提供了先进服务理念和追求极致的客户体验。我国企业也应当注重服务创新，不管是售前、售后服务，还是营销模式，应当更加关注客户体验。

最后，对于政府来说，需要完善产业发展环境。产业环境包括国家政策、产业政策，也包括消费环境。特斯拉的成功离不开产业环境，对于电动汽车产业或者其他产业来说，政府应加快完善相关产业政策和营造良好的消费环境。我国政府对电动汽车产业的支持力量可谓不小，但是一些企业却过度依赖政策，例如，目前一些新能源汽车企业过度依赖补贴，一旦补贴政策取消，对于未来发展没有明确思路的企业将可能被淘汰。

参考文献

[1] 柴海波，鄢治国，况明伟等. 电动车驱动电机发展现状 [J]. 微特电机，2013，41（4）：52-57.

[2] 曲荣海，秦川. 电动汽车及其驱动电机发展现状与展望 [J]. 南方电网技术，2016，10（3）：82-86.

[3] 吕帅帅，汪兴兴，倪红军等. 电动汽车能量管理系统的功能及研究进展 [J]. 电源技术，2014，38（2）：386-389.

[4] 张剑波，卢兰光，李哲. 车用动力电池系统的关键技术与学科前沿 [J]. 汽车安全与节能学报，2012，3（2）：87-104.

[5] 赵鸿滨. 纯电动车电池的发展现状和前景 [J]. 电源技术，2015，39（3）：631-632.

[6] 宋永华，阳岳希，胡泽春. 电动汽车电池的现状及发展趋势 [J]. 电网技术，2011，35（4）：1-7.

[7] 崔俊博，张勇，王晶星. 电动汽车用动力电池的研究 [J]. 新技术新工艺，2010（9）：81-84.

[8] 郭晓际. 特斯拉纯电动汽车技术分析 [J]. 科技导报，2016，34（6）：98-104.

[9] 祝晶，刘少兵，刘青掌. 特斯拉电动汽车崛起原因浅析和启示 [J]. 科技视界，2015（23）：205.

[10] 谢靖飞，谢泽川，郭一祺，吴福慧，郭兵. 特斯拉电源管理系统和快速充电技术的研究综述[J]. 东莞理工学院学报，2016（3）：83-89.

[11] 陈正奇，姜宜龙. 从特斯拉汽车现象看品牌营销之道 [J]. 中国外资，2013（18）：201.

第四章
SpaceX：基于低成本的颠覆性创新

在克里斯坦森的理念里，新的市场和新的价值发现是实现颠覆性创新的核心，而这种新市场和新价值往往是被人忽略、主流企业明知可为而不愿意为的，或者是人们通常认为不可为的，即所谓的低端市场。这种低端市场通常至少具备两方面的特征之一或者两者兼有：为消费者创造新的需求，而这种新的需求更加便捷；虽然需求没有变化，但成本大幅度降低，新产品具有明显的成本优势，这种成本优势不是简单的技术更新，而是具有数量级意义的，从而对传统行业带来巨大冲击。火箭汇集了信息技术、材料技术、航天技术等多种现代技术，是现代科技的集中代表，通常认为火箭属于高投入、高风险的行业，往往需要国家机构进行统一研发，在很长一段时期，火箭是国家综合实力的体现，是衡量一个国家综合技术水平的重要标志。但正是在这个背景下，美国太空探索技术公司（SpaceX）却打破了这种状态，不仅颠覆了火箭的运行方式，而且突破了大型高技术产品的研发模式，更为重要的是火箭的成本大幅降低，在航天发展中具有里程碑意义。

第一节 现代火箭的发展历程

火箭（Rocket），从现代意义上是指一种飞行器，它依靠火箭发动机的巨大推力，可以在距离地表表面较近的稠密大气层内，也可以在距离地球表面较远的稠密大气层外飞行。火箭可以作为快速远距离运输工具，可以用来向指定位置投送武器，也可以用来发射人造卫星、人造行星或是宇宙飞船。1926 年，美国火箭专家戈达德成功研制并发射了世界第一枚液体火箭，其动力装置系统是装有推进剂输送和增压系统的液体火箭发动机，从而保证火箭安全可靠运行。液体火箭的成功发射标志着现代火箭真正步入了一个新时代。

一、现代火箭的研制过程

人类对太空的向往由来已久，"嫦娥奔月"反映了古人对外部空间的渴望，突破地球的引力是人类的梦想。但直到 20 世纪初，随着技术水平的提升，进入外太空梦想才进入实现阶段，现代火箭的成功研制为人类"航天梦"开辟了实现空间。在 100 多年的发展历程中，现代火箭的研制经历了原理突破、工程实践、大规模应用、航天技术再突破四个阶段。

（一）原理突破阶段（1900~1920 年）

火箭的基本原理并不复杂，主要是通过反作用来推进火箭的运行，这种原理在中国古代的烟花中就得到了应用。但要突破地球的引力仍是一件十分困难的事情，需要对火箭运行的规律进行充分把握，在这方面俄罗斯专家做出了重要贡献。1903年，俄罗斯科学家 K.E.齐奥尔科夫斯基在火箭运行原理方面有重要突破，探索提出了火箭运行的理想速度公式，也就是齐奥尔科夫斯基公式。该公式显示，火箭速度与发动机喷气速度、火箭初始质量、发动机熄火时的质量有关。对于火箭原理的认识打开了火箭研制的大门，受到火箭自身和所运载航天器质量的限制，即使用最好的燃料，单级火箭也很难将航天器送入太空。为了解决这个问题，专家们提出了多级火箭的设想，采取分级推进的模式，从而使火箭持续向前推进。当然，作为一项复杂的综合系统，火箭是多种技术的综合。在火箭运行原理突破的同时，火箭推进技术、火箭结构技术、火箭可靠性和质量控制技术、火箭试验等技术原理也日趋完善，为火箭工程应用奠定了基础。总体上看，现代火箭是在"太空梦"的激发下，人类有计划研制和现代科学技术发展的结果。

（二）工程实践阶段（1920~1950 年）

随着原理的突破，现代火箭从图纸变为现实。1926 年，美国火箭专家戈达德成功试飞了第一枚液体火箭。1940 年，德国火箭专家奥博特在理论上突破了 V–2 火箭的研发设计，它可以由制导系统准确引向目标，这是火箭技术进入新时期的一个重要标志。军事领域的应用不仅为火箭开辟了广阔的市场，而且也为火箭研制提供了资金的保障，极大地推动了现代火箭的发展。在第二次世界大战中，德国首先将基于火箭的弹道导弹应用于战争，苏联、美国加大火箭的研制力度，各种火箭武器应运而生，其中包括能够实现长距离飞行的洲际弹道导弹。在这段时期，火箭工程领域快速发展，苏联和美国发挥了主导作用。在火箭工程实践的过程中，现实需求和充分的资金投入发挥了重要作用。

（三）大规模应用阶段（1950~2000 年）

20 世纪 50 年代以来，火箭技术迅速发展，应用范围更加广泛，各类可控火箭武器，包括火箭弹、反坦克导弹、反舰导弹、反飞机导弹，以及攻击地面固定目标的各类战略导弹和战术导弹发展水平大幅提高，不仅命中率高，而且突防能力及抗干扰能力强，成为现代军队武器装备的标准配置。此外，火箭武器也不再是少数国家的专属品，成为世界众多国家军队的基本配置。在火箭武器发展的同时，伴随现代火箭技术的成熟，在民用领域的应用开始蓬勃发展，1957 年 10 月 4 日人类第一颗人造地球卫星由苏联发射成功，为还原现代火箭研制的初衷创造了条件，空间运载火箭得以快速发展起来。空间运载火箭主要用于运载卫星、人造行星、载人飞船和其他航天器等，成为人类探索外太空的桥梁。1969 年 7 月 21 日，美国三名宇航员成功登陆月球，成为人类航天史上又一创举。在这一时期，火箭技术也不断发展。1981 年 4 月 12 日，人类第一架航天飞机"哥伦比亚"号由美国研发发射，实现了航天器的可往返；苏联研制的超重型运载火箭"能源"号在 1987 年 5 月 15 日试飞成功，至今仍保持运载能力最强的世界纪录；中国航天技术也在这一时期逐渐发展，1958 年 6 月中国仿制成功地空导弹武器系统，1970 年 7 月 24 日中国采用三级运载火箭将第一颗人造地球卫星"东方红"号送入轨道，1975 年 11 月 26 日"长征"2 号运载火箭将可回收的重型卫星送入预定轨道，目前中国已经拥有较为完备的火箭系列，成为世界空间运载火箭的强国。随着空间运载火箭技术发展，航天器市场也逐渐形成，成为现代经济的重要组成部分。同时，尽管火箭研制参与国家明显增多，但政府仍然发挥着主导作用。

（四）航天技术再突破阶段（2000 年以后）

在长期发展过程中，大推力、长距离、高可靠性、多用途、可重复和低成本一直是现代火箭追求的方向。进入 21 世纪后，现代火箭研制竞争更加激烈，世界各国充分认识到未来太空技术的重要性，航天发展受到高度关注，美国、欧洲国家、俄罗斯、日本以及印度等均发布了各自的载人航天发展战略，将火箭技术的研究推向新的高潮。综合而言，载人航天技术主要需突破的两大难题：一是如何提高运载火箭的推力。目前美国宇航局着手研制的核子火箭技术，其效能达到当前化学能火箭的 2 倍以上，纯净的氢气被作为新型核子火箭发动机的燃料，燃烧的温度达到 2800 开尔文，大约相当于 2526℃，工作时可以迅速产生推力，并且核子火箭拥有较高的安全系数，可在危险状态下避免核反应，降低发生空间事故的概率①。二是高可靠的天地往返运输工具。它的任务是向国际空间站运输人员或者货物，如仪器设备、消耗性物资、实验用材料及成品，并安全返回地面，天地往返运输工具要求高可靠的安全度，可减少运输工具一次性使用后抛弃昂贵的箭体及发动机而造成的浪费，通过多次使用分摊成本，降低运输工具生产及发射成本。除载人航天

---

① 美欲打造未来核子火箭：巩固其空间技术地位 [EB/OL]. http://tech.gmw.cn/2013-01/27/content_6520070.htm，2013-01-27.

之外，可重复使用火箭也是重要演进方向，虽然经济效果不理想，但为人类对火箭提供了新的认识，即可以实现火箭的重复使用。火箭的重复使用具有良好的经济效益，将为人类探索太空带来更加广阔的空间。

二、世界火箭运行现状

目前，航天器发射数量呈现爆发式增长。2017 年，全球共进行 91 次航天发射任务，将 467 个航天器送入太空。美国全年发射 30 次，送入太空航天器数量为 152 个，其中美国太空探索技术公司（SpaceX）发射了 18 次，发射次数和航天器数量均位于榜首；俄罗斯发射次数达 21 次，送入太空航天器 116 个，数量大幅跃升；中国维持历年的平稳水平，发射次数为 18 次，送入太空航天器 34 个，较 2015 年及 2016 年有所回落；日本及欧洲在 2017 年分别发射 7 次、9 次，送入航天器数量分别为 8 个和 18 个，维持近几年的发射频率；印度发射 5 次，但凭借"一箭 104 星"，航天器数量大幅度增长；乌克兰和新西兰两国成功发射 1 个航天器，成为 2017 年新增的两个航天器发射国家（见表 4-1）。

近年来，世界发射航天器呈现如下特征：首先，航天器发射数量明显增多。这在很大程度上得益于火箭运载能力的提升，由初期"一箭一星"发展到如今"一箭多星"，甚至"一箭万星"，火箭运载能力大幅提高，为航天器大规模发射创造了条件。其次，航天器种类呈现多元化的特点。对地观测用途仍为主体，空间科学与技术试验、通信、导航定位、近地面载人及货运航天器数量出现逐渐增多的趋势；而从航天器运行轨道看，呈现出地球静止轨道、中地球轨道、大椭圆轨道、非地球轨道、低地球轨道多层次发展格局。此外，发射火箭的国家数量有所增加。以色列、伊朗、乌克兰、新西兰出现在发射火箭的国家名单中。随着航天技术的发展，未来会有更多国家加入发射行列。

表 4-1 世界各国历年发射火箭数量

序号	国家或地区	2014 年			2015 年			2016 年			2017 年		
		发射次数（次）	占比（%）	发射航天器数量（个）	发射次数（次）	占比（%）	发射航天器数量（个）	发射次数（次）	占比（%）	发射航天器数量（个）	发射次数（次）	占比（%）	发射航天器数量（个）
1	俄罗斯	33	35.9	88	29	33.7	38	19	22.4	27	21	22.0	116
2	美国	23	25.0	130	20	23.3	119	22	25.9	72	30	32.0	152
3	中国	16	17.4	24	19	22.1	45	22	25.9	72	18	19.9	34
4	欧洲	11	12.0	23	8	9.3	14	9	10.6	20	9	10.0	18
5	日本	4	4.4	18	4	5.8	22	4	4.7	14	7	7.7	8
6	印度	4	4.4	9	5	4.7	20	7	8.2	34	5	5.5	138
7	以色列	1	1.1	1									
8	伊朗				1	1.2	1	1	1.2	1	1	1.1	1
9	乌克兰										1	1.1	1
10	新西兰										1	1.1	1
合计		92	100	293	86	100	259	84	100	209	91	100	467

注：表格中合计一栏为各国发射成功航天器的数量，发射失败航天器的数量及次数未计入。
资料来源：根据各大新闻网站整理。

尽管运载火箭技术日趋成熟，但火箭发射服务行业仍处于起步阶段。根据美国卫星工业协会（SIA）2017 年度报告显示[①]，近年来全球商业招标卫星发射市场基本上维持在 55 亿美元左

---

① SIA《2017 年卫星产业状况报告》解读 ［EB/OL］. http://www.sohu.com/a/158161999_466840，2017-07-18.

右。其中 2012 年为 58 亿美元，同比增长 21%，实现了大幅增长；2013 年则下降为 54 亿美元，同比下跌 7%；2014 年为 59 亿美元，同比增长 9%；2015 年又回落至 54 亿美元，同比下降 9%；2016 年为 55 亿美元，同比增长 2%。美国仍是卫星发射服务市场的主导，2012~2016 年共收入 10.8 亿美元，占全球总收入的 38.6%。

第二节　SpaceX 的技术颠覆性

航天飞机是人类航天探索的重要标志之一，使人类可以像驾驶飞机一样穿梭于太空，技术上取得了重大突破，但其经济性指标一直不理想，主要是使用成本超过了常规火箭，这也是美国停止航天飞机使用的原因。然而，航天飞机打开了人们对火箭认识的思路，开发可重复使用的火箭成为人类的梦想。但可重复使用火箭开发并非易事，面临诸多技术问题，研究难度和风险远高于常规火箭，美国国家航空航天局曾经耗资数十亿美元开发相关产品，但因技术瓶颈无法突破而最终中止。2018 年 2 月 6 日，美国太空探索技术公司将"猎鹰重型"运载火箭发射升空，并成功完成两枚一级助推火箭的完整回收，火箭发射过程中携带了一辆樱桃红色特斯拉跑车[1]。"猎鹰重型"运载火

---

[1] 带着跑车奔火星，"猎鹰重型"挑战技术极限 [EB/OL]. http://www.xinhuanet.com/tech/2018-02/08/c_1122384777.htm, 2018-02-08.

箭的成功发射成为重复使用运载火箭发展史上重要的里程碑，对运载火箭的发展产生颠覆性影响。

一、美国太空探索技术公司

美国太空探索技术公司（SpaceX）是由埃隆·马斯克于 2002 年创立的私营企业，主要业务是进行太空运输。埃隆·马斯克是一位传奇性人物，1971 年出生于南非，拥有加拿大和美国双重国籍，毕业于美国宾夕法尼亚大学，拥有经济学和物理学双重学位[①]。马斯克具有典型企业家的特质，一方面拥有冒险精神，马斯克曾经进入享誉世界的斯坦福大学，在常人眼里，只要完成学业，未来前途就一片光明，但他很快就退学创业，而且其选择的行业也具有很高风险性；另一方面做事持之以恒，面对困难总是一往无前，在金融风暴中坚持投入不言放弃。除此之外，有"硅谷钢铁侠"之称的马斯克对未来技术发展充满好奇，不仅对电动汽车充满浓厚兴趣，是目前全球最成功电动汽车特斯拉的创始人，而且对于外太空情有独钟，"我要在火星退休"展示了马斯克雄心勃勃的太空梦。

SpaceX 是马斯克实现航天梦想的主要平台，2005 年公司购买了萨里卫星技术公司 10% 的股份，2006 年公司获得了美国国家航空航天局商业轨道运输服务合同，正式开始航天商业服务，2008 年再次获得美国国家航空航天局商业补给服务合同，价值 16 亿美元。2012 年 5 月 22 日，SpaceX 将"龙"飞船送入太空，成为第一架飞往"国际空间站"的商业运输飞船；同年 10 月 7

---

① 百度百科，http://baike.baidu.com。

日，SpaceX 向"国际空间站"发射"龙"货运飞船，开始正式承担太空货运任务；2013 年 12 月 4 日，SpaceX 发射 SES-8 商业卫星成功，实现公司商业卫星首次成功发射①。作为私营企业，降低成本是企业发展的重要目标，实现火箭的可重复使用一直是马斯克的梦想。"传统的运载火箭是一次性使用的，在发射后坠回地面，或在大气层中燃烧殆尽，往往只剩下一些金属残片。而垂直起降的运载火箭在落回地面后，只要稍加修复，重新加注燃料就可再次发射，大大降低了发射成本。"② 2014 年 10 月，SpaceX 研制的"草蜢"火箭试验成功，飞行高度达到了744 米，然后垂直降落，重复使用火箭的研发取得了重要进展。

二、猎鹰 9 号：重复使用火箭迈向成功

猎鹰 9 号是 SpaceX 重复使用火箭的重要载体，从最初研制到发射成功，猎鹰 9 号经历了多次反复，虽然发展历程并不顺利，但其代表了世界重复使用火箭的前沿。2015 年 12 月 22 日，SpaceX 用猎鹰 9 号成功将 11 颗卫星送入太空，并最终将火箭一级在陆地发射场成功回收；2016 年 4 月 8 日，猎鹰 9 号完成国际空间站补给任务后，成功将火箭一级在大西洋回收，这是SpaceX 第一次成功完成海上回收试验，也是在可重复使用运载火箭技术上实现的突破，验证了垂直起降可重复使用模式的可行性。SpaceX 在一些关键技术上的突破成为可重复使用运载火箭技术成功的基础。

---

① 百度百科，http://baike.baidu.com.
② SpaceX 第 44 次发射猎鹰 9 号火箭，开始今年第 16 单生意 [EB/OL]. http://www.sohu.com/a/201299976_324615，2017-10-31.

（一）返航精确控制系统的技术创新

火箭完成运输任务后，火箭一级返回着陆，在从亚轨道逐渐下降到地球表面过程中存在复杂且较多随机性干扰因素。在返回下降过程中，发动机通过推力矢量控制火箭内部控制结构，通过变换其飞行姿态、位置、速度，实现精确着陆。SpaceX 多次进行飞行试验，通过对运载器自身特性、飞行环境中存在的扰动因素进行测算，达到控制算法和各执行机件之间的优化匹配。火箭一级返回着陆还需要精确规划其返回轨迹，通过设定反应控制系统（RCS）及发动机在不同飞行阶段的工作时间和推力大小，确定每段起飞和结束的速度和位置，以及栅格舵和着陆缓冲机构打开的精确时间，最终实现高精度着陆。SpaceX 技术方案首席工程师 Lars Blackmore 和得克萨斯大学 Acikmese 等[①]提出了一种无损凸优化理论，具有快速收敛、对初值不敏感、所得解即为全局最优解等优点。

（二）火箭发动机系统的技术创新

航天器返回着陆要求发动机具备多次启动能力，需要多个调节元件实现发动机在大范围内变换推力。在返回过程中，发动机中推进剂剩余量不多，偏离发动机点火启动条件，这时要求发动机能在宽入口条件下启动点火并产生推力。在接近着陆阶段，要求发动机减少推力，使速度降低到着陆允许的条件。整个过程需要喷注器、再生冷却身部、涡轮泵等关键部件精确配合，达到理想的降速条件，保证航天器安全着陆。

[①] Acikmese B., Carson J. M., Blackmore L. Lossless Convexification of Nonconvex Control Bound and Pointing Constraints of Soft Landing Optimal Control Problem [J]. IEEE Trans Control Syst Technol, 2013 (21): 2104-2133.

（三） 热防护材料的技术创新

航天器可重复使用的次数与航天器结构抗冲击能力及返回部分的热防护能力密切关联。针对火箭回收的需要，SpaceX 公司使用的箭体防热材料以轻质微烧蚀材料为主，具有较强的防热能力，而且其密度小，使得热防护系统质量较轻，具备可重复使用条件。

（四） 着陆缓冲机构的技术创新

航天器返回着陆时必须使用高可靠的着陆缓冲机构以减缓着陆瞬间产生的冲击，使航天器平稳着陆。着陆缓冲机构需要有较高的强度和缓冲功能应对航天器着陆时的倾斜角度、残余速度，从而保证着陆的稳定。着陆缓冲支架靠近航天器，因此需具有高热防护能力。SpaceX 采用的着陆缓冲机构为支腿式软着陆机构，具有稳定性好、缓冲性能高、占用空间少、可收放可重复使用等优点，可以承受几吨甚至十几吨的航天器重量。

（五） 支撑系统的技术创新

航天器着陆后，在短时间内经过简单维修及检测分析就可以再次投入使用，这是降低航天器成本、提高其快速响应能力的关键。传统对着陆的航天器重要部件进行检测主要依靠人力，通过进行故障分析定位，然后进行大量的重复试验，这无疑增加了成本，延长了发射周期。SpaceX 为了缩短发射周期并降低成本，按照快速、智能、高效的原则，采用无拆卸检测与维护技术，结合箭体专家系统快速复测，对航天器健康状态和寿命进行自动评估，之后对出现故障的部件进行修复更换，在短期内使箭体可再次发射。

表 4-2 近年来猎鹰 9 号发射情况

发射日期	有效荷载	发射回收情况
2015 年 6 月 28 日	"龙"货运飞船	发射失败
2015 年 12 月 22 日	11 颗 Orbncomm OG2 卫星	首次成功陆地回收一级火箭
2016 年 1 月 18 日	Jason-3 地球观测卫星	海上回收失败
2016 年 3 月 5 日	SES-9 通信卫星	海上回收失败
2016 年 4 月 9 日	Drogon/CRS-8 空间站货运飞船/BEAM	首次海上回收成功
2016 年 5 月 6 日	JCSAT-14 通信卫星	海上回收成功
2016 年 5 月 28 日	Thiacom-8 通信卫星	海上回收成功
2016 年 6 月 15 日	Eutelsat 117WB/ABS 2A 通信卫星	海上回收失败
2016 年 7 月 18 日	Dragon/CRS-9 空间站货运飞船/IDA-2	第二次陆上火箭回收任务成功
2016 年 8 月 14 日	日本 Jcsat-16 通信卫星	海上回收成功
2016 年 9 月 1 日	以色列 Amos-6 通信卫星	未发射
2017 年 1 月 25 日	Iridium Next 1-10 通信卫星	海上回收成功
2017 年 2 月 19 日	Dragon/CRS-10 空间站货运飞船	陆上回收成功
2017 年 3 月 16 日	EchoStar-23 通信卫星	一级火箭不回收
2017 年 3 月 31 日	SES-10 通信卫星	首次复用发射，海上回收成功
2017 年 5 月 1 日	NROL-76（USA276）间谍卫星	陆上回收成功
2017 年 5 月 16 日	Inmarast 5-F4 海事卫星	首次海事卫星任务，不回收
2017 年 6 月 4 日	"龙"货运飞船	陆上回收
2017 年 6 月 24 日	BuigariaSat 通信卫星	回收机器人投入使用，海上回收成功
2017 年 6 月 26 日	Iridium Next 11-20 通信卫星	钛合金格栅舵首次使用，回收成功
2017 年 7 月 6 日	Intelsat 35e 通信卫星	迄今最重载荷，一次性不回收
2017 年 8 月 15 日	Dragon/CRS-12 空间站货运任务	陆上回收成功
2017 年 8 月 25 日	中国台湾福卫五号	海上回收成功
2017 年 9 月 7 日	波音 X-37B 可返回式军用航天器	首次空军发射任务
2017 年 10 月 9 日	Iridinm Next 21-30 通信卫星	海上回收成功
2017 年 10 月 12 日	SES 11/Echostar 105 通信卫星	海上回收成功
2017 年 10 月 31 日	Koreast 5A 通信卫星	海上回收成功
2017 年 12 月 15 日	CRS-13 国际空间站货运任务	陆上回收，复用发射
2017 年 12 月 23 日	Iridinm Next 31-40 通信卫星	一次性不回收

发射日期	有效荷载	发射回收情况
2018年1月8日	未知	陆地回收成功
2018年2月1日	SES 16/卢森堡 Govsat 1 卫星	火箭海上软着陆成功
2018年2月22日	Paz 地球观测卫星	不回收
2018年3月6日	西班牙 Hispasat 30W-6 通信卫星	海况不佳，不回收

资料来源：https://baike.baidu.com/item/猎鹰9号/10023340?fr=aladdin.

三、SpaceX 火箭的低成本特征

重复使用火箭最大的优势在于具有明显的成本优势，摒弃了火箭发射一次就报废的传统模式，通过对火箭相关材料的回收再利用大大地降低了火箭成本。美国国家航空航天局在 2011 年对 SpaceX 的猎鹰 9 号火箭进行了估价，并发布了相关报告，报告显示，相对于传统模式 13.83 亿美元花费，与 SpaceX 签署固定合同仅需要支付 4.43 亿美元，不足传统模式的 1/3，如表 4-3 所示。

表 4-3 猎鹰 9 号与传统模式成本估计对比

单位：百万美元

费用组成	猎鹰 9 号			传统模式		
	设计、开发、试验和鉴定	2 次试飞成本	小计	设计、开发、试验和鉴定	2 次试飞成本	小计
一级（含引擎）	188.7	109.3	298	370.6	218.3	588.9
二级（含引擎）	89	23.6	112.6	184.7	59.6	244.4
费用	0	0	0	69.4	34.7	104.2
项目支持	0	0	0	62.5	31.3	93.7
不可以预见	0	0	0	193.2	91.7	284.9
箭体集成	22.2	10.6	32.8	44.4	22.2	66.7
合计	299.9	143.6	443.4	949.9	457.9	1382.7

资料来源：庞涓，苏鑫鑫. SpaceX 公司低成本路径探析 [J]. 飞航导弹，2016 (9).

随着猎鹰 9 号的逐渐成熟，其发射成本有望进一步降低。航天专家① 分析，由于发射成本中火箭造价是主体，如果能够实现第一级火箭重复使用，发射成本将降低 80%，而第二级火箭再实现回收，发射成本将降至目前的 1%，"廉价航天"时代或将真的到来。

SpaceX 的发展大大降低了火箭发射成本，对传统的航天发射服务市场产生巨大冲击，在面临巨大成本压力的背景下，传统的航天服务强国面临新的挑战，航天发射服务市场的格局将面临大的调整。除了航天发射之外，火箭发射成本大幅降低也为现代航天快速发展打开大门，相关产业将迈上新的台阶。目前，SpaceX 公司已经开始着手建设超过一万颗卫星组成的太空"星链"。

第三节　SpaceX 的创新模式

在大多数人的传统观念中，航天产业由于其投入资本巨大、危险程度高、回收周期长而只能由国家投入资本运行。在航天发展的百年历史中政府确实发挥了绝对的主导作用，不仅相关产品的研制由国家机构和企业完成，而且航天运营通常也由政府机构实际控制。在颠覆运载火箭技术的同时，SpaceX 也正式

---

① 中国专家解读猎鹰 9 号回收难点　难在控制火箭姿态 [EB/OL]. http://fj.people.com.cn/n/2015/0112/c350372-23521662-2.html，2015-01-12.

开创了私营企业全面进入航天领域并取代国家机构的先河，对航天产业的发展模式产生了颠覆性的影响。面对如此复杂的航天产品研发和运行，SpaceX 公司逐步确立了自身的发展模式。

一、运营管理

构建良好的组织架构是确保产品研制和运营的基本条件，良好的运营管理不仅是企业正常运营的保障，也是聚集大量人才的先决条件。

首先，适应科研人员的特点，简化管理体系。SpaceX 公司拥有极简化的组织结构，有效避免组织机构庞大而造成的成本虚高情况。公司招募了一批具有资深航天背景和工作经验的员工，如曾经在美国国家航空航天局、宝马、波音、联合发射联盟等公司工作的优秀人才，并由各类精英人才小组组成专业团队，形成扁平化、精英化的人才队伍和组织结构。

其次，根据复杂系统研究需要，优化内部流程。传统航天工业流程冗长使得航天产品的生产周期较长，涉及诸多环节使得航天产品出现问题的几率很大，解决问题时需要大量时间和资源投入。SpaceX 采用硅谷式运作方式，将结构设计师与制造硬件的焊接工、软件专家、机械师安置在同一办公区，大大减少交流成本和时间，在火箭飞行器的生产过程中随时进行反馈和有效沟通，提升产品研发设计效率。

最后，建设完善高效的供应链体系。时至今日，航天产业链已经高度细分化，航天产品各类零部件的供应商繁多，SpaceX 公司为缩短供应链，减少采购环节和组装环节，自己独立生产各类零部件和设备，以此来提高效率。

二、资金保障

如前所述，航天产品研制通常需要大量资金，特别是研制具有极高技术难度的重复使用火箭更需要有充足资金保障。SpaceX 在重复使用火箭研制试验过程中经历了大量的失败，可靠的资金来源是容错的重要基础。综合看，SpaceX 公司能够充分利用各种资金渠道。

首先，利用自身技术和品牌优势，积极争取政府资金资助。2006 年，美国国家航空航天局提出通过引入民间资本向国际空间站运输人员和货物，为此推出了商业轨道运输服务计划（COTS 计划），SpaceX 经过两轮公开竞争获得了 2.78 亿美元的资金支持，用以研制开发运载火箭和飞船；2008 年，SpaceX 从 The Founders Funds 接受了 2000 万美元；2010 年，美国国家航空航天局又推出了商业机组开发（CCDev）计划，旨在实现载人商业轨道运输的目标，SpaceX 通过竞争获得了 7500 万美元的资金支持，用以验证"龙"飞船的载人功能。

其次，合理规划业务发展战略，确保企业拥有合理的资金流。2008 年 12 月，美国国家航空航天局推出向国际空间站运送货物的 CRS 项目，并正式与 SpaceX 签订了金额高达 16 亿美元的商业补给服务合同，合同规定 SpaceX 公司通过"龙"飞船向国际空间站至少运送 12 次货物，截至 2009 年 SpaceX 宣布公司已经出售了 14 份猎鹰运载火箭合约；2010 年 6 月，SpaceX 公司赢得了地球同步卫星——铱星的发射合同，合同总价值达到 4.92 亿美元；2014 年 9 月，美国国家航空航天局宣布波音公司和 SpaceX 赢得价值 68 亿美元的"太空的士"合同，将在未来几年向国际空间站运送航天员。

最后，充分利用现代金融工具，积极寻求融资支持。马斯克很早就开始接触融资平台，在创业初期马斯克就创办了电子支付和国际贸易支付公司，对现代金融工具具有非常深入的了解，这也为其后期公司运营奠定了基础。在 SpaceX 发展初期，马斯克曾投资 1 亿美元，但随着业务快速发展，公司赢得了良好的口碑，人们逐渐扭转了对 SpaceX 公司的认识，SpaceX 逐渐得到投资者的青睐。2015 年，富达投资集团联合谷歌母公司 Alphabet 向 SpaceX 注资 10 亿美元，谷歌 SEC 文件中也提出向 SpaceX 投资 9 亿美元；2018 年 3 月，富达投资集团再次出资 5 亿美元。

三、合作共赢

在加强自身研发能力的同时，SpaceX 公司充分利用外脑，不断增强与相关研究机构和企业的合作，形成开放共赢的合作模式。SpaceX 公司利用"平台共享"的思维方式，借助美国国家航空航天局这一平台，在航天器研发生产中采用美国国家航空航天局很多已经成熟的专利、可靠性技术及关键设备，甚至直接邀请美国国家航空航天局技术人员帮助验证关键技术。针对猎鹰 9 号一级火箭外壳上防热层因低温而会脱落的难题，SpaceX 与美国国家航空航天局联合开发了新的粘接材料。直接使用美国国家航空航天局之前的阿波罗计划登月舱下降段发动机，SpaceX 公司大大减少了研发时间和费用。

第四节　案例启示

　　SpaceX 重复使用火箭的开发和运用属于典型的基于低成本的颠覆性创新，很好地解读了颠覆性创新的内涵，从看似不可为的"边缘"入手，持之以恒，不懈努力，最终实现对主流市场的颠覆。SpaceX 重复使用火箭的发展揭示了颠覆性创新的过程和特点，也为人们认识颠覆性创新发展的特点带来若干启示。

一、营造良好的创新环境，培养勇于创新的企业家

　　从 SpaceX 发展的历程可以看出，勇于创新的企业家发挥了决定性作用，正是马斯克这样的企业家的成长才铸造了 SpaceX 的成就。企业家的作用主要在于能够突破人们的固有思维，在不可能中寻找商机，从而能够形成真正具有颠覆意义的创新。如重复使用火箭，尽管人们早就开始有相关设想，但在传统思维中这并非一个私营企业能够完成的事情，面对如此复杂的系统，美国国家航空航天局都无法实现，更何况一个企业。受到这种传统思维的禁锢，大多数企业均对相关领域望而生畏，而真正的企业家则在其中发现了商机。除了勇于开拓之外，坚持不懈也是成功企业家的特质，面对一次次的失败，马斯克并没有放弃，而是不断进取。当然，合理规划、善于经营也是保障企业持续发展的重要条件。企业家并非天生，良好的创新环境是企业家培育和成长的基础。在马斯克成长过程中，硅谷浓厚

的创新文化和创新环境发挥了重要作用，不安于现状、不断创新、良好的容错机制、完善的创新体系都为马斯克和 SpaceX 的成长提供了土壤。

二、促进军民融合，实现航天运作模式的颠覆

美国的私营企业承担军工生产的现象十分普遍，一些先进制造业企业大多为军民融合性企业，如 SpaceX、通用、波音公司等。受益于美国军民融合的环境，SpaceX 公司进入航空航天研发及发射市场没有任何法律障碍，在 SpaceX 成立的初期，美国国家航空航天局不仅为 SpaceX 提供资金扶持，还有技术支持，SpaceX 成为美国在航空航天领域军民融合互动创新的典范。目前，军民融合已经成为我国的国家战略，然而军民融合仍面临诸多制度瓶颈，SpaceX 与美国国家航空航天局的合作为我们提供了可以借鉴之处。一方面，要创新军工企业管理体制，充分利用市场机制推动军工企业和民用企业的合作，在不涉及国家安全的领域积极引入和鼓励非军工企业参与；另一方面，加强军用技术向民用领域扩散，在国家安全允许的范围内促进军民企业之间的合作，增强军工企业对民用技术发展的支持。

三、推动技术创新，实现关键技术的突破

SpaceX 从成立之初，大胆推进技术创新，在可重复利用技术、软件系统、发动机技术、回收技术、材料技术等关键技术上实现突破，大大降低了航天器发射费用，节约了时间成本，提高了快速响应能力。在其他技术方面，SpaceX 公司积极引进最先进的技术和算法，提高信息处理能力，同时自主研发地面

支持设备、低温贮箱结构、制导和控制软件等技术①，代表了航空科技领域的最高水平。目前，我国已经成为世界航天大国，在众多领域保持领先优势，但面临日益激烈的国际竞争，特别是像 SpaceX 这样的企业的冲击，航天产业发展竞争压力不断加大。航天作为典型的技术密集型领域，发展日新月异，关键技术在其中发挥决定性作用，若干关键技术的突破往往会造成颠覆性影响，会改变整个竞争格局。因此，加强前沿技术和关键技术的研究始终是航天发展的核心，提升基础研究能力是我国航天发展战略的基石。

---

① 龙江. SpaceX 公司运行模式对我国航天产业的启示 [J]. 中国航天，2016（10）.

第五章
纳米技术：政府启动型颠覆性创新

纳米技术属于典型的共性技术。而共性技术具有明显的公共品特性，需要政府在其发展过程中，尤其是研究与开发阶段发挥重要作用。纵观纳米技术的发展历程，政府在纳米技术及其应用研究中扮演了企业家和协调者的角色。纳米技术之所以能够取得突破性进展，离不开政府的政策扶持和资金支持。因此可以说，纳米技术是政府启动型颠覆性创新。

第一节　纳米技术发展历程

纳米（Nanometer，nm）是一个长度单位，1 纳米就是 0.001 微米或 0.000001 毫米。纳米技术是指在 0.1~100 纳米的尺度里，研究电子、原子和分子内的运动规律和特性的技术。在这个尺度下，原子或分子将表现出一些新的特性，利用这些特性可以制造出具有特定功能的材料或器件。纳米概念的提出，标志着人类对微观世界的认识、改造达到一个新的层次，即将由"毫米时代""微米时代"迈向"纳米时代"。

纳米技术的思想最早是由美国物理学家理查德·费曼 (Richard P. Feynman) 提出的。1959 年 12 月 29 日，他在美国物理学年会上发表题为 "There Is a Plenty of Rooms at the Bottoms" 的演讲，其中提到以单个分子或原子进行组装来制造物品的可能性。而采用这种方法制造的产品/器件将具有一些特殊性能，这是关于纳米技术最早的设想。

20 世纪 60 年代起，科学家们开始研究纳米粒子，以探索纳米科技的奥秘。随后，相继有科学家在实验室制备出纳米尺寸的材料，并且发现这些材料具有一些新颖的特性。1974 年，日本学者 Taniguchi 首次使用 "Nanotechnology"（纳米科技）一词来描述精密机械加工。1981 年，德国科学家格莱特 (H. Gleiter) 提出了 "Nanostructure of Solids"（固体纳米结构）的概念。20 世纪 70 年代末至 80 年代初，科学家们对纳米微粒形态、结构和特性进行了比较系统的研究。

1981 年，美国 IBM 公司瑞士苏黎世实验室的盖尔德·宾尼 (Gerd Bining) 教授和海因里希·罗雷尔 (Heinrich Rohrer) 博士发明了扫描隧道电子显微镜 (Scanning Tunneling Microscopy, STM)。STM 横向分辨率可以可达 0.1 纳米，纵向分辨率可达 0.01 纳米，不但可以直接观察到原子、分子，还可以操纵和安排原子、分子，是进行表面分析最精密的仪器之一。STM 的诞生促进了人们对纳米材料的探索研究，对纳米科技的发展起到了非常积极的推动作用，两位科学家也凭借该发明获得了 1984 年的诺贝尔物理学奖。

1990 年，IBM 公司的科学家使用一种扫描探针，在低温下成功地在（镍）板上对 35 个氙（xe）原子进行重排，组合成"IBM"三个字母。这是纳米技术的一项重要突破，首次证实在原子水平下单个原子生产物质成为可能。随后不久，在操纵单个原子的基础上，科学家们又实现了"喷涂原子"。

1990 年 7 月，在美国巴尔的摩召开的第一届国际纳米科学技术大会正式提出了纳米材料学、纳米电子学、纳米生物学和纳米机械学等概念，这标志着纳米材料学作为材料科学一个相对独立分支的诞生。此后，纳米材料和纳米科学技术引起了世界各国的极大兴趣和广泛重视，纳米技术的基础研究和应用研究领域不断拓宽，很快成为世界范围的研究热点。

1991 年，日本筑波 NEC 实验室的 Iijima（饭岛澄男）发现了碳纳米管。碳纳米管是碳晶体家族的新成员，此前晶态碳的同素异形体只有石墨、金刚石两种。碳纳米管是一种具有特殊结构和优异性能的新型材料，应用前景非常广阔，引发了物理、化学、材料、电子等领域专家的研究热情，成为纳米技术研究的热点。

1997 年，美国科学家首次实现用单电子移动单电子，量子计算机的研制正是依赖于该技术。此后，纳米技术逐渐走向市场，应用于越来越多的领域，包括医学、化学、生物检测、药学、微电子、电力、新材料、制造业、光学等。

从 20 世纪末到 21 世纪初，世界主要一些国家和地区如美国、日本、欧盟、中国等纷纷制定纳米技术相关发展战略或计划，不断增加投入，以期抢占未来科技的制高点。

第二节　主要国家和地区纳米技术研究现状与趋势

　　纳米技术是多学科交叉的产物，涉及物理学、化学、材料学、生物医学等众多基础学科。概括来说，纳米技术的研究内容包括三个方面①：纳米材料、纳米器件和纳米尺度的检测与表征。其中，纳米材料是纳米技术研究的基础，纳米器件的研制与应用水平是检验是否进入纳米时代的重要标志，纳米尺度的检测与表征是进行纳米科技研究不可或缺的手段。经历了几十年的发展，纳米技术研究已经取得了较为丰硕的成果，由最初的材料功能研究向功能器件制备研究转变，由基础研究向应用研究转变，且逐步开始产业化。目前，纳米技术已经应用在包括医药、化学、光学等在内的许多领域。未来随着纳米技术的进一步发展，应用前景将更加广泛。鉴于纳米技术的应用前景以及可能带来的广泛影响，美国、欧盟、日本、韩国、中国等国家和地区十分重视纳米技术的发展。21 世纪初，这些主要国家和地区将纳米技术视为影响未来 10~20 年的关键技术之一，纷纷出台纳米技术相关的发展战略和规划。

一、纳米技术研究的多国竞赛

　　21 世纪以来，科学和技术以前所未有的速度迅猛发展。基

---

① 刘松涛，夏文利. 纳米鸿沟的伦理反思［J］. 江苏科技大学学报（社会科学版），2014（6）.

于多学科交叉发展起来的纳米技术，正是科学与技术紧密结合的产物，科学与技术的这种结合使纳米技术的基础研究和应用研究结合十分紧密，从研发到成果转化的速度也非常快，对很多高新技术、新材料的产生和发展起到至关重要的作用。纳米技术在世界范围内受到社会各界的重视，纳米技术也和信息技术、生物技术一起被称为 21 世纪影响世界的三大关键技术。因此，各国政府都从未来发展战略的高度出发，试图抢占纳米科技的制高点。

（一）美国

美国是最早制订纳米技术发展战略的国家。2000 年 1 月 21 日，时任美国总统克林顿向国会提出"国家纳米技术计划"（NNI），之后纳米技术成为美国的技术研发重点。另外，美国国防部、能源部、交通部、国家航空航天局、国家科学基金会等都参与到该计划中。2001 年，联邦政府将批准预算增加了 56%，实际投入超过预算金额。此后，联邦政府在纳米技术研发方面的预算以每年 10%的速度持续增加。2003 年 12 月 3 日，时任美国总统布什签署了《21 世纪纳米技术研究发展法案》，掀起了纳米技术研发的一个新高潮，纳米产业开始渐渐受到风险投资的青睐。与此同时，美国国会批准了一项为期 4 年（2005~2008 年）、经费总额达 37 亿美元的财政预算，用于支持美国纳米技术的研究与开发。此外，国防部及其他部门另有用于纳米研发的经费预算。纳米技术研究成为这一时期美国优先资助的领域。联邦政府希望借此计划培养 10 万名纳米技术相关人才，确保美国在 21 世纪始终占据纳米科技的领先地位。2006 年，美国国家纳米技术计划围绕目标，实施的研究主要集中在纳米基础研究、纳米材料、纳米器件及系统、纳米技术设备及标准等 7 个研究方向。其中，纳米材料的研究是保持纳米技术领先的关键，而纳米器件、标准及其他制造业相关技术研究则属于纳米技术应用化的环节，也成为一个重要的研究方向。[①]

除了联邦政府对纳米技术研发领域给予经费支持以外，美国其他部门和机构也启动并开始实施纳米技术研发。2001 年 9 月，美国国家科学基金会推出一个为期 5 年、预算经费 6500 万美元的纳米科学与工程资助计划。同时，还建立了一个由 13 所大学组成的国家纳米技术基础网络（NNIN），用于支持在纳米科学、工程和制造工艺方面的研究与教育。美国能源部也花费了 2 亿~3 亿美元建成了 6 个国家纳米技术中心。2002 年，为了满足纳米技术的研究、开发和产业化的需要，美国正式启动了纳米材料的标准化研究工作，主要研究制定纳米材料性能、测量与表征等方面的标准。2004 年，美国国立卫生研究院（NIH）癌症研究所（NCI）提出了一项《癌症纳米技术计划》，旨在将纳米技术、分子生物医学与癌症研究相结合，并通过院外计划、院内计划以及纳米标准实验室三方面进行跨领域的工作。

随着对纳米技术研发的不断深入，美国逐渐加强了纳米技术应用类研发工作。对于应用类研发，国家纳米技术计划通过实施小企业创新计划（SBIR）和小企业技术转化计划（STTR）来推动纳米技术的产业化。国防部、能源部、国家科学基金会等各机构也都积极参与。

---

① 郑佳. 纳米技术在美国的发展现状与趋势——从专利分析的角度出发 [J]. 新材料产业，2014 (3).

随着纳米技术研发前景逐渐明朗，除了政府的支持以外，美国的一些公共与私人机构，比如化学、计算机、制药及其他领域的大、中、小企业，都对纳米技术研究计划提供了资助。例如，道氏化学、惠普、朗讯科技、摩托罗拉、得州仪器、杜邦、柯达、施乐等都建立了长期研究团队。此外，美国的一些大学也都建立了纳米技术跨学科研究中心，纳米技术领域的公共研究与教育基础设施水平也得到不断增强。①

（二）日本

日本是最早提出纳米技术这一概念的国家，从 20 世纪 70 年代就开始了纳米技术的研究，但它一开始并没有从战略高度上予以重视。进入 21 世纪以后，日本政府逐渐认识到纳米技术发展的重要性，提出要把发展纳米技术作为日本经济复苏的"关键"，甚至称其为 21 世纪前 30 年日本的"立国之本"。在美国推出"国家纳米技术计划"以后，日本也于 2001 年开始出台纳米技术研发的新政策，将纳米技术研究与产业发展纳入"国家产业技术战略"，并在年底完成了《纳米技术战略报告书》，该报告书被称为日本的纳米国家战略计划。与此同时，纳米技术研究被认为是日本国家科技发展战略四大重点领域之一，列入了国家"科学技术基本计划"（2001~2006）中，并将纳米技术和材料列为研发重点。2001 年 4 月，日本政府启动并建立了纳米技术研究的国立研究机构，如科技厅下属机构设立了"纳米材料研究中心"，该中心预算经费 32.5 亿日元。日本科学技术会议还设立了"推进纳米技术战略有关措施的恳谈会"，主要负责

---

① 姚丽. 纳米技术研究现状 [J]. 科技成果纵横, 2003（3）.

研究和制定未来日本纳米技术研发的重点课题以及实行"产官学"联合攻关的具体方针政策。

文部科学省、科技厅和通产省是日本资助纳米技术的三个主要政府机构。在纳米技术研发和产业化的各项标准制定方面，由经济产业省、文部科学省牵头，由各行业协会具体负责；在纳米技术及其应用的研究开发方面，具体的组织实施由通产省牵头，科学技术厅、教育厅配合组织、论证。具体从事纳米相关技术研究的机构主要有文部科学省下设的"创造科学技术推进事业部""理化学研究所""产业技术综合研究所"及一些大学。

除了政府部门的经费支持以外，大型企业和研究机构是日本纳米技术研究资金的主要来源，他们的资金投入甚至比政府每年投入还要多 3~4 倍。日本的大公司很早就开始部署纳米技术的研发，主要有日立、日本电气、索尼、日本电报电话、富士通和富士等知名公司，还有纳米技术研究中心、国家材料研究所纳米材料实验室、硅材料纳米技术中心、东北大学纳米材料研究所等著名研究机构。这些日本企业根据各自的优势与需求制定发展战略，采取与大学和研究机构联合、技术引进、获得政府资助等方式来开展纳米技术研究。同时，企业还利用自身在资金、设备等方面的优势，广泛开展国际合作，就重点课题进行攻关。[①]

（三）欧盟

欧盟在纳米技术的研发方面毫不逊色。从 20 世纪 90 年代起，欧盟就通过国家计划、欧洲合作网络和大公司共同支持纳

---

① 李晟，咸才军. 日本纳米技术及其产业化现状于我国之借鉴 [J]. 新材料产业，2002 (9).

米技术研究。

实施多国计划是欧盟推进纳米技术研发的主要手段。第一，ESPRIT 微电子学先进研究计划、BRITE/EURAM 材料科学计划中均涵盖了纳米技术方面的研究；第二，1992 年创建的包含约 40 个成员的 PHANOMS（中尺度体系的物理学和技术）计划，目的在于促进纳米电子学、光电子学、纳米组装等方面发展；第三，自 1995 年起，欧洲科学基金会资助一个包含 18 个研究中心的气相合成和纳米粒子材料加工网络（NANO）；第四，1996 年建立了欧洲纳米材料财团 ECNM，目的是资助为解决纳米技术难题进行的基础研究，并增进研究人员和产业界之间的联系；第五，1996 年联合研究中心纳米结构材料网络在意大利成立；第六，1997 年成立了由 6 个欧盟国家的企业和大学参加的欧洲精密工程和纳米技术学会 EUSPEN。

欧盟号召各成员国政府制定纳米技术相关政策，增加研发经费的投入，加强对各国之间的有效协调，减少重复浪费。此外，欧盟还鼓励高校、科研机构和企业参与纳米技术研发，并通过欧盟"科研框架计划""科技合作计划""尤里卡计划"等技术平台为它们提供经费支持，同时帮助它们从欧洲开发银行等渠道筹措科研经费。欧盟在《第四个科研框架计划》和《第五个科研框架计划》中，都将纳米技术列为重点，为纳米技术相关活动投入了大量资金。在《第六个科研框架计划》（2002~2006）中，欧盟将纳米科学与技术作为 7 个重点发展的战略领域之一，投入 13 亿欧元，力争在国际上保持纳米技术研发的领先地位。与以往的框架计划相比，这一次的框架计划更注重加强公私合作伙伴的协作。《第七个科研框架计划》中将纳米技术作为一个最优先发展的领域，并且增加双倍的纳米科研经费，注重建立完整的产业链。

从合作网络看，欧洲有 86 个国内或跨国研究网络致力于纳米技术研究，涉及 2000 多个组织，大部分由国家资助。另外，欧盟还支持大学、科研机构和工业企业进行跨国横向联网，尤其注重以中小企业为导向，推动产学研合作，加快纳米技术转移，营造有利于纳米技术产业化的环境。

（四）韩国

发展纳米科技，是保障和提升未来国家竞争力的重要手段。为了日后不被拒于纳米高技术的大门之外，韩国也将纳米技术列入优先领域，并制定了相应的计划，集中支持科研机构进行纳米技术的研究与开发，促使韩国尽快进入纳米技术发达国家行列。

1999 年，韩国商业工业和能源部制定了下一代新技术计划——高性能纳米复合材料计划，1999~2002 年共投入研究经费约 72.53 亿韩元。2001 年，韩国政府制定了《促进纳米技术 10 年计划》，并且决定在国家科技委员会内新设纳米技术专门委员会，在接下来的 10 年内投入 1.48 万亿韩元的资金，用以开展纳米技术的研究工作并培养 1.26 万名专业人才。2002 年，韩国政府颁布了新的《促进纳米技术开发法》。随后在 2003 年又出台了《纳米技术开发实施规则》，目标是到 2010 年《促进纳米技术 10 年计划》结束时，韩国纳米技术研发水平要进入世界前五行列。

此外，韩国科学技术部通过建立研究中心、特别小组等形式来促进纳米核心技术的研发。2002 年，韩国科学技术部公布"2002 年纳米技术开发计划"，计划投入 2031 亿韩元（约合 1.56

亿美元），较 2001 年的 1052 亿韩元增加 93.1%。同时，还组建了国家纳米制造研究中心、信息技术与纳米技术融合中心，并成立了纳米技术研究院。在 2002~2006 年"科学技术发展基本计划"中，纳米技术被列为韩国科技发展的四大重点战略领域之一。2003 年，韩国科学技术部发表《纳米技术推广计划》草案，成立了 1 个特别小组，并且建立了 1 套 5 年一期的长期计划，来推动纳米技术发展。同时，还建立了 1 个纳米技术咨询小组，进行纳米技术相关政策制订与推广研究。

最后，韩国科学技术部也积极鼓励私营企业设立纳米技术专项投资金，进行相关技术研发与应用。例如，三星公司投资5000 万美元成立纳米研究中心，重点研究开发新一代纳米显示技术。[①]

（五）中国

我国开展纳米技术研究的时间也比较早，最初是通过实施"攀登计划""973"计划、"863"计划等推进纳米技术的研发。20世纪 80 年代中期，中国科学院和国家自然科学基金委员会开始支持扫描探针显微镜 SPM 的研制及其应用研究（1987~1995年）。20 世纪 90 年代初期，我国开始对纳米材料展开研究。1990~1999 年，当时的国家科委连续 10 年通过实施"攀登计划"项目支持纳米材料专项研究。1999 年，科技部又启动了一项"973"计划——"纳米材料与纳米结构"。"863"计划中，也设立一些纳米材料应用研究的项目。2000 年，中国科学院成立了纳米技术中心。

---

① 莫志宏. 纳米技术的研究 [J]. 化学工程与装备，2010（7）.

随着美国、欧盟、日本、韩国等国家和地区相继制定并发布纳米技术发展的国家战略，我国也开始从国家层面着手制定纳米技术发展相关战略。2001 年，全国纳米技术指导协调委员会成立，负责统筹规划和协调全国的纳米技术研究。2001 年 7 月，《国家纳米技术发展纲要》（以下简称《纲要》）发布，对今后 5~10 年我国纳米技术发展的整体布局作了具体的部署，并拟建立全国性的纳米技术研究中心和产业化基地，促进基础研究、应用研究和产业化的协调发展。《纲要》的出台，对我国纳米技术的发展有着纲领性的指导作用。2002 年 12 月 7 日，科技部制定了《国家纳米技术发展指南框架》。

在《纲要》的指导下，我国纳米技术研究重点将由纳米材料功能研究转向纳米技术的基础研究与应用研究并重。2003 年 12 月，中科院纳米技术中心与北京大学、清华大学共同组建了侧重于基础研究的国家纳米科学中心，用以增强我国纳米科学与技术的基础研究能力。同时，在北京大学、清华大学、中国科学院部分研究所建成了 6 个协作实验室。2006 年 1 月，由上海交大、复旦大学、中科院上海硅酸盐研究所等 10 家单位共同出资组建了侧重于应用研究的国家纳米技术及应用工程中心，以促进我国纳米技术产业化与发展。

2006 年 2 月 9 日，《国家中长期科学和技术发展规划纲要（2006~2020 年）》将纳米研究列为四项重大科学研究规划之一。这是我国从中长期的角度对纳米技术研究做出的规划与安排，为之后一段时期的纳米技术研究指明了方向。

综合看，我国从事纳米技术研究的机构主要有中科院系统的一些研究所和部分高校，这些科研机构和高校占我国纳米技术研发力量的比重达 90% 以上。中科院系统从事纳米技术研究的主要有物理所、化学所、金属所、固体物理所、化冶所和大连化物所等，从事纳米技术研究的高校主要有北京大学、清华大学、中国科技大学、浙江大学、复旦大学、南京大学等。只有极少数企业参与纳米技术研发活动，占比很小。

二、主要国家纳米技术研究的未来部署

自从 2001 年美国发布《国家纳米技术计划》后，包括德国、法国等在内的欧盟国家，以及日本、韩国、俄罗斯、中国等也随后制定并发布了本国（地区）的纳米技术发展战略。经过了 21 世纪前 10 年的快速发展，各国纳米技术研究都取得了较丰硕的成果，纳米技术研究形势也发生了一些变化，研究方向也由以基础研究为主转向基础研究和应用研究并重。因此，步入 21 世纪第二个 10 年，主要国家和地区纷纷调整了纳米技术研究的未来部署[①]。

美国在纳米技术领域处于全球领先地位。近年来，美国参与国家纳米技术计划的各机构对纳米技术发展有了新的部署。概括看，在纳米技术领域的规划以解决重大挑战问题为主，例如碳纳米管的研究[②]、纳米纤维素的商业化[③]等。例如，2015 年，美国白宫科技政策办公室发布了《纳米技术引发的重大挑战：未

[①] 张超星，边文越，王海名，邢颖，冷伏海. 世界主要国家纳米科技发展前瞻/部署分析研究[J]. 中国科学院院刊，2017（10）.

[②] NNI Publishes Report on Carbon Nanotube（CNT）Commercialization［EB/OL］. http：//www.nano.gov/node/1340，2016–10–17.

[③] Cellulose Nanomaterials—A Path Towards Commercialization［EB/OL］. NNI Workshop Report，http：//www.fpl.fs.fed.us/documnts/pdf2014/usforestservice_nih_2014_cellulose_nano_workshop_report.pdf，2014.

来计算》①。 2016 年，美国能源部、国家科学基金会、国防部、国家标准与技术研究所等机构联合发布了《纳米技术引发的重大挑战：基于联邦视角的未来计算》②。美国国家科学基金会重视国家纳米技术基础设施网络的建设③。美国国家航空航天局（NASA）发布的《2015 技术路线图》将纳米技术视为未来 20 年 NASA 急需的任务能力和技术需求的候选技术之一，量化了纳米技术的成熟度和性能指标④。美国国防部高级研究计划局也对纳米技术发展提出了具体的需求⑤。从战略上看，美国对纳米技术发展的规划更注重通过跨领域深度融合，解决重大挑战问题。

日本在纳米技术领域也侧重于问题导向型研究，并且希望构建纳米技术研发体系。2013 年 12 月，日本科技振兴机构（JST）发布了《2013 年主要国家研究开发比较报告》，针对纳米技术的发展现状，指出日本未来纳米技术研究的三个重点方向，包括生物纳米、纳米电子及绿色纳米，以期利用纳米技术"尖端化"和"融合化"的已有成果，结合日本当下的社会需求，构建纳米技术研发体系，促进问题导向型研究⑥。

---

① A Nanotechnology-Inspired Grand Challenge for Future Computing［EB/OL］. https：//obamawhite-house.archives.gov/blog/2015/10/15/nanotechnology-inspired-grand-challenge-future-computing，2016-10-08.

② A Federal Vision for Future Computing：A Nanotechnology-Inspired Grand Challenge［EB/OL］. http：//www.nano.gov/sites/default/files/pub_resource/federal-vision-for-nanotech-inspired-future-comput-ing-grand-challenge.pdf，2016.

③ Next-Generation National Nanotechnology Infrastructure Network（NG NNIN）［EB/OL］. http：//www.nsf.gov/pubs/2013/nsf13521/nsf13521.htm，2013.

④ 2015 NASA Technology Roadmaps［EB/OL］. http：//www.nasa.gov/offices/oct/home/roadmaps/in-dex.html，2015.

⑤ DARPA Program Seeks Ability to Assemble Atom-sized Pieces into Practical Products［EB/OL］. http：//www.nanowerk.com/nanotechnology-news/newsid=42217.php.

⑥ 科学技術振興機構. 研究開発の俯瞰報告書が2013［EB/OL］. http：//www.jst.go.jp/crds/pdf/2013/FR/CRDS-FY2013-FR-01.pdf，2014-06-17.

　　韩国在继续重视纳米技术基础研究的前提下，强调促进纳米技术产业化[1]。2016 年 4 月，韩国国家科学技术审议会公布了由未来创造科学部、教育部等部委联合制定的《第 4 次纳米技术综合发展计划（2016~2020 年)》，指出未来 5 年要在开展战略性基础研究的基础上，重点推进纳米技术产业化。

　　德国也调整了纳米技术的研究重点，侧重于对现有研究成果的有效转化，希望借此提高德国企业的竞争力[2]。2016 年 9 月，德国联邦教研部提出《纳米技术行动计划 2020》，希望纳米技术的研发成果在数字经济与社会、可持续经济和能源、智能交通等德国高新技术战略的优先任务领域进行转化，提高德国企业的竞争力。

　　欧盟最近几年的纳米技术战略计划侧重于石墨烯的研发[3]。2014 年 10 月，旗舰欧洲研究区域网络（FLAG-ERA）将石墨烯定位为未来新兴技术，启动跨国联合项目招标，关注石墨烯在纳米流体、能源等领域的应用。2015 年 2 月，欧盟"石墨烯旗舰计划"提出了未来 10 年的石墨烯科学技术路线图[4]。

　　近年来，我国制定的纳米技术发展相关战略规划既涉及纳米技术的基础研究，也注重纳米技术产业创新。2013 年 11 月，中科院启动了"变革性纳米产业制造技术聚焦"战略性先导科

---

　　[1] 제4기나노기술종합발전계획대한민국나노혁신 2025 （안）．[EB/OL]. http://www.nstc.go.kr/c3/sub3_1_view.jsp? regIdx=792&keyWord=&keyField=&nowPage=1，2016-09-17.

　　[2] Bundesministerin für Bildung und Forschung. Aktionsplan Nanotechnologie 2020［EB/OL］. https://www.bmbf.de/pub/Aktionsplan_Nanotechnologie.pdf，2016-11-17.

　　[3] Research Funding Organisations in Europe Launch their Funding Instruments in Support of the Flagship Initiatives on Graphene and Human Brain［EB/OL］. http://www.flagera.eu/extra-files/FLAG-ERA_Press%20release_27102014.pdf，2016-11-10.

　　[4] Graphene Flagship. The European Roadmap for Graphene Science and Technology［EB/OL］. http://graphene-flagship.eu/? news=the-european-roadmap-for-graphene-science-and-technology，2016-03-13.

技专项（A 类）①，该专项计划致力于促进产业技术的变革性创新，并推动一批核心技术在特定领域的应用。2016 年，中科院发布了《中国科学院"十三五"发展规划纲要》②，将纳米技术作为使能技术融入其他领域中，为战略性新兴产业的发展提供技术支撑；国家自然科学基金委发布了《国家自然科学基金"十三五"发展规划》③，在第四篇"学科布局与优先领域"中将纳米科学作为 18 个学科优先领域之一，并制定了其未来 5 年的发展战略；科技部发布了《"十三五"国家科技创新规划》④，分别在"国际科技重大专项""新一代信息技术"和"材料技术"等章节针对纳米科技做出了相关规划；国家发改委发布了《"十三五"国家战略性新兴产业发展规划》⑤，分别在信息技术、智能制造及新能源领域提及了纳米材料和技术及应用的相关规划。

第三节 纳米技术的颠覆性创新特征

纳米技术被认为是互联网之后的新一代通用技术，将带来巨大的发展效应，能够为未来几十年经济增长提供基础。因此，

---

① 国家纳米科学中心. 变革性纳米产业制造技术聚焦 ［J］. 中国科学院院刊，2016，31（Z2）.
② 中国科学院. 中国科学院"十三五"发展规划纲要 ［EB/OL］. http://www.cas.cn/yw/201609/W020160902357072710740.pdf，2016–11–17.
③ 国家自然科学基金委员会. 国家自然科学基金"十三五"发展规划 ［EB/OL］. http://www.nsfc.gov.cn/publish/portal0/tab405/info50064.htm，2016–11–23.
④ 科技部. 国务院关于印发《"十三五"国家科技创新规划》的通知 ［EB/OL］. http://www.most.gov.cn/mostinfo/xinxifenlei/gjkjgh/201608/t20160810_127174.htm，2016–11–10.
⑤ 国家发展和改革委员会. "十三五"国家战略性新兴产业发展规划 ［J］. 中国战略新兴产业，2017（1）.

作为一项通用/共性技术，纳米技术具有明显的公共品特性，可以广泛应用于各个行业并将带来巨大的经济效益和社会效益。但是，共性技术的研发一般资金投入多、技术难度大、风险高，需要政府借助各种手段，包括政策、项目、组织等，来推进共性技术的研究与开发。纳米技术实现突破性创新离不开政府的扶持和投资，属于典型的政府启动型颠覆性技术创新。但是，在纳米技术的研究与开发中，政府不仅是公共品研发资助者的角色，它还承担了部分企业家功能，同时在纳米技术多部门合作与跨领域应用中还充当了协调者的角色。

一、企业家化的政府创造和塑形新市场

20 世纪 90 年代，纳米技术被认为是可能影响 21 世纪的关键技术之一，甚至将取代互联网，成为下一代通用技术。当时，纳米技术研发尚处于起步阶段，技术开发风险较大，技术应用前景也不甚明朗，技术发展路线还比较模糊，距离商业化应用还有较大的距离。

在这种情况下，不可能期待私人部门/企业来领导纳米技术的研究开发。企业一般投资开发那些在 3~5 年可以实现商业化应用且具有成本竞争力的产品/技术[①]。在这个阶段，政府不能通过加大投资来引导私人部门跟进，也无法通过税收优惠、贷款补贴等经济手段来鼓励企业对纳米技术进行投资开发。这时，政府必须充当创新者的角色，引领作为公共品的纳米技术的研

① Motoyama Y., R. Appelbaum, R. Parker. The National Nanotechnology Initiative: Federal Support for Science and Technology, or Hidden Industrial Policy? [J]. Technology in Society, 2011, 33 (1): 109–118.

究开发。政府的功能不是纠正或修补市场失灵，因为这并不是市场失灵，而是这个阶段的纳米技术开发属于市场担心可能会失败的领域。创新难免失败，但是，这项技术的开发又是如此重要，因此，就需要政府来承担纳米技术创新失败的风险①。

政府的功能不再是提供良好的发展环境，也不是协助私人部门/企业创新，或者说为企业参与创新降低风险，而是直接扮演"企业家"的角色，作为创新者来承担风险，投资引领纳米技术的突破或革命性创新。在这个意义上，政府不再是协助变迁，而是创造变迁。通过制定纳米技术的发展政策和战略，规划技术路线图，引领技术发展方向，政府创造并培育出一个新的市场。这个市场具备在未来几十年"点燃"经济增长的可能性，而且可以使这种增长成为可持续的创新驱动型增长。随着纳米技术的不断创新，政府还可以对纳米技术发展战略和规划进行相应调整，不断塑形市场。

二、政府作为协调者推进跨领域深度融合

综观主要国家和地区纳米技术的发展情况，纳米技术的研发不是由单个部门来完成的，而是由一个在政府的主导下、多个分散的公共部门构成的网络来推动的。例如，美国国家纳米技术计划的参与者包括国防部、能源部、交通部、国家航空航天局、国家科学基金会等；日本的情况略有不同，除了文部科学省、科技厅、通产省和经济产业省等资助机构和纳米技术研究中心、东北大学纳米材料研究所、国家材料研究所纳米材料

---

① 沈尤佳. 美国科技革命的隐蔽基础：一个理论经济学的分析框架 [J]. 天府新论，2017（1）.

实验室、硅材料纳米技术中心等著名研究机构，很多知名企业包括日立公司、日本电气公司、日本电报电话公司（厚木实验室）、富士通公司、索尼公司等，都参与到纳米技术的研究开发中；我国参与纳米技术研究的机构主要有中科院系统的一些研究所和部分高校，科技部、发改委、国家自然科学基金委等负责制定和发布纳米技术产业发展战略和规划等。因此可以说，在纳米技术研发的跨部门合作中，政府在其中起到了重要的协调作用。

另外，纳米技术研究涉及的学科种类很多，包括物理学、化学、材料科学、生物医药学、计算机学科等，这种高度跨学科领域的特征，是单个企业不可能覆盖和兼容的[1]。如何联结不同学科领域的合作，实现纳米技术跨领域深度融合，也是政府作为协调者发挥作用方面。对于推动跨学科领域的纳米技术研发，政府作为协调者，比私人部门/企业更有能动性和灵活性。

此外，如日本、韩国等国家的政府还搭建了公共部门/机构和私人部门/企业合作的网络，在这个网络中，它们既可以独立活动，又可以彼此合作，促进纳米技术成果的转化和商业化应用。

---

① Motoyama Y., R. Appelbaum, R. Parker. The National Nanotechnology Initiative: Federal Support for Science and Technology, or Hidden Industrial Policy? [J]. Technology in Society, 2011, 33 (1): 109-118.

第四节　案例启示

纳米技术的突破式创新模式，是政府在技术开发的初始阶段投入大量资金，然后将各个部门（包括国家实验室、科研机构、大学等公共部门和企业/私人部门）结合在一起，启动政策/发展战略，塑造清晰的发展路线，最终实现纳米技术的革命性变迁/突破。这种模式强调政府在新领域或者说市场认为创新很可能失败的领域的作用。

从已有的经验看，在美国、日本、欧盟、韩国等主要国家和地区推进纳米技术开发与应用的过程中，政府都起到了关键作用。同样，我国政府在纳米技术研发中也起到了重要的协调作用，且承担了部分企业家职能。

对于那些可能引领技术革命（如信息技术、纳米技术和生物技术）和新的/下一代通用或共性技术的研究开发，我们可以从纳米技术颠覆性创新案例中得到如下启示：

首先，必须重视从国家层面制定发展战略。从纳米技术创新的案例中可以看到，美国率先制定并发布了国家纳米技术发展战略/计划，也一直保持了纳米技术领域全球范围的领先地位。日本虽然较早开展了纳米技术的研发工作，但由于一开始没有在国家战略层面对纳米技术的研究开发予以重视，并没有及时推出日本国家层面的纳米技术发展战略和规划，虽然后来埋头追赶，但依然不能撼动美国在纳米技术领域的领军地位，在专利申请数量和授权量等方面落后于美国。

其次，充分发挥政府在新技术领域的引领型创新者的作用。主要国家和地区在制定纳米技术发展战略时，均根据各国的实际情况制定了纳米技术路线图，或者是纳米技术研究的重点领域和方向。这对于面临不确定性发展前景的新技术来说，具有至关重要的指引性作用。当市场尚不存在时，也就不存在市场失灵一说，政府需要扮演引领型创新者的角色，在新技术面临多条发展路径时，确定技术路线图或者技术发展的重点方向。

最后，加大政府资金研发投入力度。在有可能成为颠覆性技术的技术领域或者亟待突破的通用技术和共性技术领域，或者技术离商业化应用尚早，由于技术研发风险较大，或者应用前景不明朗，企业不愿意进入，此时，政府应扮演企业家的角色，投入大量研发资金，促使新技术取得突破性进展。美国之所以能在纳米技术领域取得全方位的领先优势，与它投入大量的研发资金具有直接联系。据统计，2001~2015 年，美国政府在纳米技术及应用领域累计投入近 300 亿美元。

第六章
颠覆性创新预见研究

第一节 技术预见方法综述

国际上对技术预见的定义很多，引用较多的是英国萨塞克斯大学科技政策研究所的本·马丁（Ben Martin）给出的定义，即技术预见（Technology Foresight）是"对科学、技术、经济、环境和社会的远期未来进行有步骤的探索过程，目的在于选定可能产生最大经济与社会效益的战略研究领域和通用新技术"（Martin B. R., 1995）[1]。该定义厘清了技术预见与技术预测的区别，认为相比侧重于发现技术本身演进速度和方向的技术预测，技术预见突出强调技术的战略意义、关键性和通用性，以及其对经济社会产生的效益。联合国工业发展组织在界定技术预见时，突出强调技术预见为政策和战略制定提供决策支持的作用，

---

① Martin B. R. Foresight in Science and Technology ［J］. Technology Analysis & Strategic Management, 1995, 7 (2): 139–168.

提出"技术预见在技术管理和技术转移领域为鼓励和扶持创新企业提供支持，最终带来企业，甚至国家的竞争力提高"。

一、技术预见研究现状

国家竞争抑或企业竞争，从根本上说都是科技的竞争、创新力的竞争。2008 年国际金融危机以来，世界主要国家对技术预见高度重视，前沿技术成为各国战略布局的重点。

（一）国外技术预见相关研究现状

20 世纪 70 年代以来，美国、英国、德国、日本等发达国家和 APEC、UNIDO（联合国工业发展组织）、OECD 等国际组织都先后开展了本国或者跨国的技术预见活动，期望利用技术预见确定的优先发展领域合理配置社会资源，从而塑造未来甚至创造未来。早在 1971 年，日本文部省科学技术政策研究所组织了第一次全国性的技术预见活动，此后每 5 年开展一轮，截至目前共开展了 10 次，为日本科技政策制定和科学技术基本计划的实施等提供了有力支持（陈峰，2007）[1]。德国于 1992 年开始与日本联合，对未来 30 年的科学技术走向和社会经济发展趋势进行广泛的调查研究，并于 2001 年发起"未来计划"，将情景分析、课题研究和专题研究相结合，识别未来科学技术的优先发展领域。之后，美国的兰德公司（Silberglitt R. et al., 2006）[2]、汤森路透（Reuters T., 2014）[3] 和美国战略与国际研究中心

① 陈峰. 日本第八次技术预见方法的创新 [J]. 中国科技论坛，2007（8）.
② Silberglitt R., Antón P. S. & Howell D. R. The Globaltechnology Revolution 2020 [EB/OL].http://www.rand.org/content/dam/rand/pubs/technical_reports/2006/RAND_TR303.pdf，2006.
③ Reuters T. The World in 2025：10 Predictions of Finnovation [EB/OL]. http://sciencewatch.com/sites/sw/fles/m/pdf/World-2025.pdf，2014.

（Miller D. T.，2015）^① 分别对全球 2020 年、2025 年和 2045 年可能产生重大突破的创新点进行了预见。英国的"技术与创新未来项目"（TIF）开始于 2010 年，并于 2012 年和 2017 年发布后续研究报告，旨在识别能促进英国未来 20 年可持续发展的技术及领域（GOS，2017）^②。俄罗斯的教育与科学部从 2007 年开始组织"2025 年科技发展预先项目"，分别预测俄罗斯的宏观经济发展、科技发展（7 个优先领域）和工业发展，为最不发达的经济领域技术寻找可行的发展方向，并于 2009 年和 2011 年发布后续研究报告，不断完善其技术预见方法和体系（Sokolov A. et al.，2013）^③。除上述发达国家和发展中国家外，技术预见也受到各重要国际组织的重视和运用。例如，1990 年经济合作与发展组织（OECD）启动"国际未来研究项目"（IFP），1998 年亚太经济合作组织（APEC）成立技术预见中心（CIF），1999 年底联合国工业发展组织（UNIDO）联合国际科学与高技术中心（ICS）开展"面向拉丁美洲与加勒比地区的技术预见项目"（TF for LAC），均起到提供跨国技术预见平台的作用，为技术预见活动在全球的扩展做出贡献。

（二）国内技术预见相关研究现状

技术预见是我国制定科学技术战略规划和科技政策的有效工具（万劲波，2002），国内学术界对技术预见的实质、意义、方法等进行了探讨。樊春良（2003）认为，技术预见是制定长

---

① Miller D. T. Defense 2045—Assessing the Future Environmentand Implications for Defense Policymakers [R/OL]. https：//www.csis.org/analysis/defense-2045，2015.

② Government Office for Science （GOS）. Technology and Innovation Futures 2017 [R]. UK，2017.

③ Sokolov A.，Chulok A. & Mesropyan，V. Long-Term Science and Technology Policy-Russian Prioritiesfor 2030 [M]. New York：Social Science Electronic Publishing，2013.

远战略规划的新机制，能够通过对预期的理解、政策制定过程中的协商、创造实现未来的机制等方面，有效地建立科学与社会的新契约关系。正因如此，技术预见采用的方法至关重要。德尔菲调查作为技术预见最常用的方法，能够以匿名的方式获得各位专家反馈，反馈意见会在多轮调查中趋于收敛，具有较强的统计意义和可操作性（穆荣平和任中保，2006）。当前，采用组合和集成的方法进行技术预见是国内外研究的热点和趋势（任海英，2016），其中，定性和定量方法相结合是较为常见的技术预见组合方法（沙振江等，2015）。

我国最早开展系统性技术预见研究的机构是科技部和中国科学院。2002年，科技部启动了技术预见工作，之后每隔5年进行一次，主要服务于国家科技规划和政策制定。2015年，为编制"十三五"科技规划，科技部开展了技术预见调查工作与关键技术研判工作，为确定我国"十三五"重点发展技术领域提供了依据。2003年开始，中国科学院开展了"中国未来20年技术预见研究"，并分别于2005年和2008年完成了四个不同领域的技术预见工作。另外，关于技术预见方法在国内的实际运用方面，2009年中国科学院发布了《创新2050：科技革命与中国的未来》系列报告，描绘了我国2050年的科技发展路线图，提出构建以科技创新为支撑的我国八大经济社会基础和战略体系，即"可持续能源与资源体系、先进材料与智能绿色制造体系、无所不在的信息网络体系、生态高值农业和生物产业体系、普惠健康保障体系、生态与环境保育发展体系、天空海洋能力新拓展体系、国家与公共安全体系"。2015年，中国工程院与国家自然科学基金委员会共同组织开展了"中国工程科技2035技术预见"，作为"中国工程科技 2035 发展战略研究"项目的一部分，前瞻性地系统谋划了我国工程科技及相关领域的基础研究，并提供咨询服务。在地区层面上，2001 年上海市和北京市分别启动了技术预见研究，其中上海市科学学研究所至今已开展了 3 轮调查。广东、武汉、天津、云南、山东、新疆等省、市、自治区也先后开展了区域技术预见活动。

技术预见已成为各国制定科技发展战略、规划和政策过程中不可或缺的内容，为识别国家战略需求和把握世界科学技术前沿发展趋势提供了系统工具，是优化各国科技资源配置的必要手段。

二、技术预见主要研究方法及其述评

按技术预见使用的方法种类，目前的技术预见大致可以分为两类：一是使用单一方法的技术预见；二是使用组合方法的技术预见。目前国内外技术预见主要采用的单一技术预见方法为德尔菲法、情景分析法、技术路线图、文献计量和专利分析，并有逐渐向多种方法组合使用转变的趋势，组合方法的数量和种类也在不断丰富（沙振江等，2015[1]；任海英等，2016[2]；方伟等，2017[3]）。本节从单一技术预见方法和组合技术预见方法两个方面，简要介绍并评述目前主要技术预见活动采用的方法、工具和基本过程。

---

[1] 沙振江，张蓉，刘桂锋. 国内技术预见方法研究述评 [J]. 情报理论与实践，2015，38（6）.

[2] 任海英，于立婷，王菲菲. 国内外技术预见研究的热点和趋势分析 [J]. 情报杂志，2016，35（2）.

[3] 方伟，曹学伟，高晓巍. 技术预测与技术预见：内涵、方法及实践 [J]. 全球科技经济瞭望，2017，32（3）.

（一）单一技术预见方法

目前，国内外主要使用的单一技术预见方法可以分为以专家经验为基础和以数据分析为基础两大类。

1. 以专家经验为基础的技术预见方法

在以专家经验为基础的技术预见方法中，德尔菲法最为常用，专家咨询法和头脑风暴法的应用也较为广泛。

（1）德尔菲法。通过邀请行业内的权威专家组成专家小组，采用背对背通信方式向专家进行不记名问卷调查，征询专家小组成员的预测意见，经过几轮征询，充分收集各位专家对拟研究技术实现的可能性和预计开发时间发表的意见，并使专家小组的预测意见趋于集中，最后对未来技术发展的方向做出预判，具有较高的准确性。日本文部省科学技术政策研究所开展的前七次技术预见活动均采用德尔菲法，由各科技领域的分学会组成预见调查委员会，从"技术领域—技术课题"的二元结构调查内容入手，形成未来 30 年日本重点考虑的科学技术预见项目（陈峰，2007）。

（2）专家咨询法。同样是邀请领域内及相关领域专家，以问卷调查、咨询、研讨等形式充分收集专家对各领域技术发展的意见，分析得出未来技术的发展方向、关键技术和颠覆性技术等。

（3）头脑风暴法。是把某个领域的专家组织在一起，使每位专家畅所欲言，为技术方向预判提供大量有价值的建议和意见。

比较上述三种基于专家经验的技术预见方法，可以看出专家咨询法和头脑风暴法是直接以研讨会等形式向专家征求意见，不进行反复的问卷调查，操作较为方便，与德尔菲方法相比也大幅节约了技术预见开展的时间，但容易出现预见结果遵从个别知名专家意见的问题，缺乏民主化和社会化。英国在 2010 年开展的"技术预见计划"项目，主要采用了专家访谈和研讨会的方式，邀请了 25 名来自科研以及商业领域的领军人物进行访谈，召集 150 名学术界、工业界、政府机关和私人机构的专家学者，组织了 5 场学术研讨会，探讨了 53 种可能推动英国经济实现未来可持续发展的技术（王瑞祥和穆荣平，2003）[①]。

2. 以数据分析为基础的技术预见方法

相比定性技术预见方法，以数据分析为基础的技术预见较少受到主观因素的影响，越来越受到专家学者的关注。具体地，该类方法依据获得数据的来源不同可以进一步分为文献计量分析（科学计量分析）和专利分析等。

（1）文献计量分析。文献计量（科学计量）分析是运用数学、统计学等方法对一定时期内学者发表的研究文献进行引文分析和词频分析，从已发表的科技论文中进行挖掘分析，发现科学技术发展状况、特点和趋势，找出行业或领域的关键技术。

1）引文分析，是以文献为样本，分析领域内文献的引用和被引用情况。通过研究论文之间的引用网状关系，揭示科技文献之间、相关学科之间错综复杂的结构关系和亲缘关系，分析某项科学技术的起源、产生背景、发展概貌和突破性成就，进而揭示技术未来可能的发展方向。

2）词频分析，是通过统计某一类学术文献中关键词、主题词、篇名词等核心词汇出现的频次高低，判断该领域的研究热点、知识结构和发展趋势。王金鹏（2011）以科学引文索引数

---

① 王瑞祥，穆荣平. 从技术预测到技术预见：理论与方法 [J]. 世界科学，2003（4）.

据库为基础，综合应用引文分析和词频分析等方法，对信息安全领域进行了技术预见[①]。

文献计量分析方法以文献数据为支撑，具有较强的客观性。但是如果收集的文献资料不够全面、数据量不够，就很容易造成预见结果的准确性不高，因而只适用于发展较为稳定的领域。[②]文献计量分析法的使用通常需要结合专家意见，才能给出相对准确的技术预见结果。一般先通过计量分析法找出热点技术和技术空白领域，再组织专家对热点技术和技术空白领域进行评价、筛选，确定技术未来发展的方向。

（2）专利分析。专利分析，是对专利说明书、专利公报中专利数量、同族专利数量、专利引文数量等数据进行统计分析，确定技术领域的核心专利、关键专利权人或发明人，遴选关键技术，获得技术动态发展的趋势信息。尤其在新技术开发阶段，运用专利分析法可以确定快速发展的关键技术领域，达到技术预见的目的。

1）IPC 分布分析，是对某一技术领域的专利按国际专利分类号进行统计，分析该技术主要集中在哪些类别，各类别专利在该技术领域中所占的比重，从而判断哪些技术类别为技术密集领域，哪些领域相对空白。乔杨（2013）[③]、杨浩明等（2014）[④]、慎金花和张宁（2014）[⑤] 分别对橡胶机械产业、燃料电池汽车和

① 王金鹏. 基于科学计量的技术预见方法优化研究 [D]. 华中师范大学硕士学位论文，2011.
② 沙振江，张蓉，刘桂锋. 国内技术预见方法研究述评 [J]. 情报理论与实践，2015，38（6）.
③ 乔杨. 专利计量方法在技术预见中的应用——以国内冶金领域为例 [J]. 情报杂志，2013，32(4).
④ 杨浩明，樊凌雯，张保彦等. 全球和中国橡胶机械产业专利情报分析 [J]. 情报杂志，2014，33（6）：53-58.
⑤ 慎金花，张宁. 基于专利分析的中国燃料电池汽车技术竞争态势研究 [J]. 情报杂志，2014，33（7）：27-32.

冶金领域的专利按国际专利分类号（International Patent Classifi-cation，IPC）进行统计，分析该技术主要集中在哪些类别，以及各类别专利在该技术领域中所占的比重，从而判断哪些技术类别为技术密集领域，哪些为空白领域，为确定未来发展方向制定发展策略。

2）专利说明书文本挖掘，是指通过在专利说明书文本数据中抽取隐含的、未知的、潜在有用的知识的过程。董坤和吴红（2014）[1]、黄鲁成等（2014）[2]通过对专利公报中的热点词汇进行词频分析、聚类分析和共词分析，识别了3D打印领域和家用空调领域的技术热点及前沿。

3）专利技术地图分析，是通过可视化图表找出特定技术的发展动向，不同类型的专利技术地图在技术预见的过程中具有各自不同的作用。其中，专利技术生命周期图是从技术的时间周期角度研究技术的发展动向，一般将技术发展的周期分为五个阶段：萌芽期、发展期、成熟期、衰退期和复苏期，通过收集某项专利技术的专利申请数量，并分析其时间序列关系，可以判断出不同时间段内技术发展所处的周期，帮助技术预见主体评估在此技术上投入研发资源的最佳时间（陈旭和施国良，2016）[3]。专利技术功效矩阵图是从技术之间相关关系的角度研究技术的发展，将专利数量绘制在一张二维图中，纵轴为专利能够达到的功效，横轴为专利使用的技术手段，帮助技术预见

---

① 董坤，吴红. 基于论文—专利整合的3D打印技术研究热点分析[J]. 情报杂志，2014，3（11）.

② 黄鲁成，王凯，王亢抗. 基于Citespace的家用空调技术热点、前沿识别及趋势分析 [J]. 情报杂志，2014，33（2）.

③ 陈旭，施国良. 基于情景分析和专利地图的企业技术预见模式 [J]. 情报杂志，2016，35（5）.

主体识别技术聚集点和空白区，制定技术规划（沙振江和张蓉，2015）①。

4）专利引文分析。Erdi P.等（2013）②、唐小利和孙涛涛（2011）③利用专利之间的相互引证关系反映技术的传承和发展演变历程，将存在引证关系和引文耦合性的专利文献进行聚类，探测新兴技术点和热点技术方向。宋超和刘海滨（2016）在专利引证分析的基础上提出一种基于拉力算法的专利共引可视化方法，将某一技术领域的大量专利以共引关系聚类，并对其进行可视化表达，直观展现领域的技术群组④。预见的过程要处理大量的数据，进行大量的计算，容易出现失误。运用聚类分析，对数据分析过程中出现的具有相同属性的数据或算法进行归纳，使其他步骤的实施更具有针对性，能够提高工作效率。

（二）组合技术预见方法

由于单一的定性或定量技术预见方法可能会在客观性和准确性上存在缺陷，因此越来越多的国内外学者将多种技术预见方法进行组合，为技术预见方法的发展提供了新的路径。

1. 德尔菲法—技术路线图

德尔菲法在技术预见方法中最传统，但在实现过程中存在成本高、耗时久等问题。而运用技术路线图进行技术预见虽然方便简单，但对技术人员的素质和水平的要求较高，可能缺少

---

① 沙振江，张蓉. 基于专利技术地图的技术预见模型研究［J］. 图书情报研究，2015（3）.

② Erdi P., Makovi K. & Somogyvari Z. Prediction of Emerging Technologies Based on Analysis of the U.S. Patent Citation Network［J］. Scientometrics，2013，95（1）：225–242.

③ 唐小利，孙涛涛. 运用专利引证开展技术热点监测的实证研究［J］. 图书情报工作，2011，55（20）.

④ 宋超，刘海滨. 一种面向技术预见研究的专利共引可视化方法［J］. 情报理论与实践，2016，39（1）.

准确性。因此，上海市科学学研究所在对上海市未来技术发展方向进行预见的过程中，将德尔菲法和技术路线图法相结合，先绘制技术路线图，应用简洁的图标描述技术变化步骤或相关技术环节之间的逻辑关系，发现领域内的热点技术。之后利用德尔菲法对专家进行匿名问卷调查，收集意见，确保所发现的热点技术具有可行性（徐磊，2011）[①]。两种方法功能互补，为领域内技术发展方向的确定提供了理论支撑。

2. 德尔菲法—科学计量（文献计量）/专利分析

单一使用德尔菲法等定性方法进行技术预见，可能造成预见结果的客观性和科学性不强，因此，国内外学者大多在使用德尔菲法的基础上，增加以文献计量和专利分析为代表的定量分析，以专家决策为中心，充分利用数据支撑，实现科学、系统的技术预见。张嵬等（2012）[②] 和 Robinson，D. K.等（2013）[③] 分别在技术预见的德尔菲调查基础上增加了文献计量和专利分析，将定量分析的结果作为技术预见的背景资料，提供给参加德尔菲调查的专家，增强德尔菲调查的客观性。汤森路透（2014）在技术预见过程中更侧重依靠引文分析和专利数据检索，其知识产权与科学事业部从 Web of Science 和 InCitesTM 数据库最近两年的数据中确定了广泛的领域进行文献计量，同时从 Derwent World Patents Index 和 Thomson Innovation 数据库中挖

---

① 徐磊. 技术预见方法的探索与实践思考——基于德尔菲法和技术路线图的对接 [J]. 科学学与科学技术管理，2011（11）.

② 张嵬，汪雪峰，郭颖等. 基于文献计量学方法的技术路线图构建模型研究 [J]. 科学学研究，2012，30（4）.

③ Robinson，D. K. R.，Huang，L.，Guo Y.，et al. Forecasting Innovationpathways（FIP）for New and Emerging Science and Technologies[J]. Technological Forecasting and Social Change，2013，80（2）：267–285.

掘专利信息，结合专家讨论意见，最终得到，太阳能和量子传输等 10 个领域为未来可能有重大突破的创新热点（Reuters T.，2014）。Keppell M.（2000）[①] 和 Kenny P. G.等（2009）[②] 则在技术预见的整个过程中实现定量分析与专家经验互动关联，定量分析生成分析报告供专家学者参考，并由专家学者提出建议，对定量分析进行进一步修正和完善。刘宇飞等（2016）为提高技术预见过程中定量分析与定性分析的互动影响，将专利分析和文献计量分析流程化、系统化，形成了以技术集中度、技术生长率和技术成熟度系数等为代表的指标库，方便专家、学者及时了解特定技术领域的发展状况。

3. 德尔菲法—科学计量（文献计量）/专利分析—情景分析

情景分析法是通过假设、预测、模拟等手段生成未来情景，并分析情景对目标产生影响的方法。与其他预测方法不同，情景分析基于未来发展不确定性，得出关于未来不同发展状况的预测。目前技术预见研究很少单独采用情景分析方法，大多将情景分析与德尔菲法、科学计量法相结合，进行组合技术预见。

日本分别在 2005 年、2010 年、2015 年完成了第八次、第九次和第十次技术预见调查报告，均采用包括德尔菲法、社会与经济需求调查法、文献计量法和情景分析法在内的组合方法进行技术预见。首先，日本文部省科学技术政策研究所采用德尔

---

① Keppell M. Principles at the Heart of an Instructional Designer: Subject Matter Expert Interaction [C] //Sims R., O'Reilley M., Sawkins S. et al. Learning to Choose-Choosing to Learn. Proceedings of the 17th Annual Conference of the Australasion Society for Computers in Learning in Tertiary Education [J]. Coffs Harbour, NSW. Australia: ASCILITE, 2000 (1): 317–326.

② Kenny P. G., Parsons T. D., Gratch J., et al. Evaluation of Novice Andexpert Interpersonal Interaction Skills with a Virtual Patient [J]. Lecture Notes in Computer Science, 2009 (5773): 511–512.

菲法进行两轮调查，预见未来 30 年中 12 个技术领域、94 个主题、832 项技术中的发展重点。其次，采用文献引文分析法，从数据库中按学科门类和研究前沿抽取高被引论文，根据高被引论文及其引用关系绘制快速发展领域的内容和关系图谱，并依据引文分析结果设定比超目标，分析日本在各研究领域的位置和优劣势。最后，情景分析委员会在参考引文分析、德尔菲调查研究成果的基础上，分两个阶段遴选主题，并在各主题领域内推选水平最高、最合适的专家进行情景撰写，对应未来 30 年日本的发展情景提出日本应当采取的行动（NISTEP，2005)①②③④。

英国在 2012 年和 2017 年的"技术与创新未来项目"中，采用了德尔菲法、专家咨询、专利分析、科学计量和情景分析等多种方法。首先，英国科技办公室向 1000 多位来自学术界和产业界的专家发放问卷进行德尔菲调查，之后对英国知识产权局超过 2 万件专利以及英国创新和研究委员会的研究资助进行了专利分析，并对一定时期内发表的约 100 篇科技论文进行文献计量分析，形成英国技术发展现状的基本判断。其次，召集 60 多名来自业界、学界和投资界的专家开展了 7 轮圆桌会议，对能够促进英国未来 20 年可持续发展的技术领域进行座谈。最后，对筛选出的 50 多种重点技术进行了市场前景的情景分析（GOS，2017)。

---

① National Institute of Science and Technology Policy, Ministry of Education, Culture, Sports, Science and Technolgy, Japan, Nistep Report No.99, Comprehensive Analysis of Science and Technology Benchmarking and Foresight [R]. May, 2005.
② 张峰，邝岩. 日本第十次国家技术预见的实施和启示 [J]. 情报杂志，2016，35 (12).
③ 孙胜凯，魏畅，宋超等. 日本第十次技术预见及其启示 [J]. 中国工程科学，2017，19 (1).
④ 吴有艳，李国秋. 日本第十次科学技术预见及其解析 [J]. 竞争情报，2017，13 (1).

  美国兰德公司的技术预见方法也大致包括德尔菲法、文献计量和情景分析三大类。首先，通过梳理主要科技文献，了解美国研发实验室的实际研究进展和该技术在全球范围内的发展水平。其次，组织专家判断这些待评估技术是否能在全球范围内产生重大影响，用以评估技术趋势的可行性。再次，在相应技术领域，推荐专家根据自身专业知识和丰富经验评估哪些技术应用于世界上的哪些地区或领域（基于区域需求、投资、政治和文化驱动、资源和其他因素）是重要的。最后，针对技术预见分析得到的结果进行情景分析，评估技术发展对经济发展、公共和个人健康、资源利用和环境、国防等领域可能产生的影响（Silberglitt R. et al., 2006）。

  总体而言，随着国内外专家学者对技术预见方法研究的深入，单一技术预见方法的缺点逐渐显现：预见结果准确性较低、主观性强、时间长、成本高等。因此，技术预见方法呈现多元化发展的趋势，越来越多的技术预见活动采用两种或两种以上的方法组合使用，以提高技术预见结果的科学性和准确性。另外，国内外技术预见逐渐由定性分析向定量分析过渡，并逐渐形成综合分析。我国早期的技术预见研究过度依赖德尔菲法，随着将定量分析方法引入技术预见，文献计量、聚类分析、数据挖掘等方法将有效弥补定性方法客观性不强的缺点，成为未来我国技术预见研究使用的主要方法之一。

第二节　国外主要技术预见活动

全球化环境下，各国面临更大的竞争压力，知识性产业和服务业的创新对于一国保持或创造竞争优势尤为重要。而在人口老龄化和社会福利压力等问题面前，各国的财政开支都面临越来越多的限制，没有任何一个国家有足够的财力追求所有科技发展机会，特别是科技研发的成本和风险更高，需要通过技术预见活动使不同角色的参与者就技术发展方向和科技预算达成共识，更好地协调科技与经济社会需求的关系。另外，科技创新的产生注重学科间的融合，需要知识创造者进行更多的沟通、合作和协同研究，也需要研究者和使用者之间建立良好的互动关系。技术预见活动，在一定程度上促成了这样的互动关联。因此，技术预见受到很多发达国家重视，被广泛和持续地用于预测技术发展主要趋势、研究经济社会发展对技术的需求和提出实现技术的途径措施等，是很多企业、产业和政府部门进行科技决策和管理的重要参考。

一、日本技术预见活动

（一）日本技术预见活动概述

日本作为世界上最早使用德尔菲法在国家层面进行大规模技术预见调查的国家之一，在技术预见发展史上占有极其重要的地位。并且日本技术预见活动从兴起到常规化，与日本的全球经济地位由追随者向领先者转变的过程相一致，为中国的技术预见活动开展提供了有益的借鉴。

20世纪50年代，日本得益于引进吸收大量国外先进技术，经济全面振兴，实现了长达20年的高速增长。随着科技创新能力逐渐赶上或在部分领域超过世界先进水平，日本失去了其作为追随者和模仿者的"后发优势"，未来经济和科技发展的方向成为政府、企业家和学者们普遍关注的问题。1966年，日本科学技术经济学会（JATES）应运而生，致力于促进日本技术和经济的融合和良性发展，提出"要使日本由一个技术进口依赖型国家转变为一个技术自主开发型国家，途径就是借助技术的可预见性和对它的创新"，并向政府提出了适合日本发展的技术预见方法①。依据该方法，日本科技厅（STA）于1971年成功进行了第一次全国范围的技术预见调查活动。之后日本每5年组织一次，至今已进行了10次国家层面的技术预见调查，其采用的方法和模式也在具体的预见过程中不断完善和改进，大致可以分为三个发展阶段②。

第一次到第四次的技术预见活动是日本技术预见实践的起步阶段。这一阶段的技术预见活动由日本科技厅组织，预测未来30年若干技术领域的发展方向和经济社会发展对技术的需求。预见活动主要采用德尔菲法，向专家小组发放两轮调查问卷，但不要求专家得出统一结论，而是按照设定的标准和专家意见，对调查结果进行综合评分。从第一次到第四次技术预见，

① 孙中峰. 技术预见在日本 [J]. 世界科学，2002 (7).
② 范晓婷，李国秋. 日本技术预见发展阶段及其未来趋势分析 [J]. 竞争情报，2016，12 (3).

调查的技术领域数不断增加，从社会发展、信息、粮食农业、工业等 5~7 个技术领域，增加到生命科学和空间技术等 17 个技术领域，收到的有效反馈达到或超过 2000 份。

第五次到第七次的技术预见活动是日本技术预见实践的完善阶段。与起步阶段相比，该阶段在问卷设计、专家小组选择、调查实施流程等方面都进行了不断的丰富和完善。该阶段的调查问卷特别设置了技术领域的重要度、预期技术实现的时间、目前在该技术领域领先的国家、预期实现的效果和政府应采取的措施，专家在这些具体方面为不同的技术领域和项目打分，最终统计出各技术领域和项目的综合得分，较起步阶段的问卷设计更加客观和合理。在专家小组的选择方面，该阶段的调查对专家组成进行了优化，除了考虑专家从事的事业分布和年龄分布，还增加了年轻人和女性参与预见的比例，保证预见结果更具代表性。该阶段的另一项重要变化是第七次技术预见的组织实施机构的转变。2000 年，日本政府为理顺行政管理关系，进行了行政体系改革，将 22 个部委和机构重组为 12 个，将当时的科技厅和教育、体育、文化省合并为文部科学省。原本由科技厅负责实施的技术预见活动，在第七次及之后均由文部科学省国家科学技术研究所主导，并在原本的技术预见委员会中增加了人文和社会科学领域专家，组成技术预见的经济社会需求分会。

第八次到第十次技术预见活动之所以被划分为成熟阶段，是因为在之前不断发展和完善的基础上，技术预见采用的方法有了质的变化①②。前七次技术预见活动都采用基于专家意见的德尔菲法进行大规模调查，自第八次技术预见开始，增加了需求分析法、文献计量法和情景分析等辅助判断技术发展的方向，在一定程度上避免了专家经验的主观性，预见过程更加客观和科学。另外，在技术预见关注的内容方面也发生了变化。自第九次技术预见开始，该活动不仅关注未来科技的发展方向，还关注区域发展能力，重视对未来社会发展形势的分析以及科技能为社会发展做出的贡献。

（二）日本技术预见方法、原则及组织程序

日本科学技术经济学会（JATES）向政府提出的技术预见方法，主要基于四个基本原则：需求性原则、全面性原则、可评价性原则和可预见性原则，即技术预见在考虑技术自身发展的基础上，还应当考虑经济社会发展对技术提出的需求，技术预见应覆盖尽可能多的技术领域，并依据重要性对其进行排序，专家对技术的预见除了应包括对技术发展方向的预测，还应包括对技术发展目标和实现目标时间的预测。基于这四条原则，日本技术预见活动逐步改善和发展，同时也影响了欧洲和亚洲国家或地区开展的技术预见活动③。

从 2001 年开始，文部科学省科学技术研究所承担了技术预见工作，研究所设置了技术预见委员会，并在未来工学研究所内设置了 14 个技术分会和 3 个需求分会。技术分会由本领域的

---

① 周娟，彭莉，乔为国. 技术可行到社会实现的时间跨度——基于日本第 9 次科技预见的研究 [J]. 中国科技论坛，2015（12）.
② 左晓利，许晔. 日本第九次技术预测及启示 [R]. 第七届全国技术预见学术研讨会，2013.
③ 陈春. 技术预见与日本的成功实践 [J]. 世界科技研究与发展，2004，26（6）.

专家学者组成，需求分会则主要由人文和社会科学专家构成。技术预见将首先由技术分会的专家总结出各领域的调查报告，其次由需求分会专家从需求角度出发总结调查结果，最后由科学技术政策研究所进行分析并做出综合报告。

经过多年的发展，日本技术预见已经形成了相对完善的组织体系，即调查研究组织系统和专家系统。其中，调查研究组织系统由负责组织技术预见研究工作的国家科学技术政策研究所组成，职能是制定总体方案和实施计划，组织协调各领域及总体的技术预见调查工作，总体分析技术预见调查结果并撰写总报告；专家系统由技术预见总委员会、分领域委员会和咨询专家组成，职责是根据调查研究组织系统和技术预见总委员会确定的调查领域和课题，进行两轮大规模德尔菲调查和情景分析、文献计量分析等，并根据统计分析调查结果撰写技术预见报告。

（三）日本最近的第十次技术预见

2005 年以来，日本经济低迷、国际竞争激烈，其对科技创新的重视程度日益提高，在 1995 年制定的科学技术基本法的基础上，制定了"科学技术基本计划"。2011 年，日本第四期科学技术基本计划将"促进科学技术和创新政策的一体化进程"作为基本方针之一。自 2013 年起，日本每年都以此方针为指导实施科学技术创新综合战略，日本组织的第十次技术预见活动就是在这样的背景下进行的，也是日本科学技术创新综合战略的重要组成部分。

2013 年 11 月至 2014 年 3 月，日本启动了第十次技术预见活动，组织各行各业的专家学者加入未来社会远景研讨会中，

评价科学与技术在塑造未来社会目标中的角色。并于 2014 年 4~
10 月，开展第十次技术预见的主体调查，即在未来远景的研究
基础上，由日本科技政策研究所设计调查问卷，向专家学者提
供被期待在未来实现的科技主题选项，由专家判断各科技主题
的重要性和全球竞争力。2014 年 11 月至 2015 年 3 月，基于各
技术主题的综合评价和期望实现的未来远景，完成未来情景开
发。日本的第十次技术预见活动涉及 8 个领域、84 个主题和
932 个课题，如表 6-1 所示。

表 6-1　日本第十次技术预见领域、主题和课题情况

科技领域	科技主题数	科技课题数
信息通信技术、分析学	12	114
健康、医疗、生命科学	10	171
农林渔业、食品、生物技术	17	132
空间、海洋、地球、科学基础设施	10	136
环境、资源、能源	11	93
材料、设备、工艺	7	92
社会基础建设	7	93
服务性社会学科	10	101

资料来源：根据吴有艳和李国秋（2017）①的研究总结整理。

日本第十次技术预见的重要特征就是在预见过程中引入数
据科学的方法，充分利用了近几年在信息、通信和技术等领域
积累的大量数据，再加上大规模德尔菲法调查、未来社会愿景
调查和情景分析。本次技术预见采用的方法较前九次更加多元
化和科学化。特别地，第十次技术预见的德尔菲调查设置也有

---

① 吴有艳，李国秋. 日本第十次科学技术预见及其解析 [J]. 竞争情报，2017（2）.

了较大改进，要求专家从科技研究和开发指标、技术实现时间和重点政策措施三个方面评价某项技术。其中，科技研究和开发指标旨在评估技术的重要性、不确定性、非连续性、伦理性和全球竞争力，即判断待研发的技术在科学技术和经济社会发展方面的重要程度，研发过程中可能存在的不确定性因素和可能需要承担的失败风险，技术打破市场格局的可能性和颠覆性，技术研发需要考虑的伦理性和社会接受程度以及日本在该项技术研发过程中与其他国家相比是否具备竞争力（指标设置见表6-2）。技术实现时间指标将技术的实现分为实验室实现和社会应用两个阶段，具体通过"实验室实现时间"和"社会应用时间"两个子指标对技术实现的时间进行评估（见表6-3）。重点政策措施指标（见表6-4）是专家期望政府在促进技术实现方面做出的努力，包括"促进技术实现重点采取的政策"和"促进技术社会应用重点采取的政策"两个子指标。①②③ 在有5237位网络注册专家的专家库中，最终回收专家问卷4309份，其中49%的专家来自高校，14%来自公立研究院所，36%来自企业。从年龄分布看，39岁及以下的专家占30%，40~49岁的专家占26%，50岁及以上的专家占32%。

---

① 张峰，邝岩. 日本第十次国家技术预见的实施和启示 [J]. 情报杂志，2016，35（12）.
② 孙胜凯，魏畅，宋超等. 日本第十次技术预见及其启示 [J]. 中国工程科学，2017，19（1）.
③ 吴有艳，李国秋. 日本第十次科学技术预见及其解析 [J]. 竞争情报，2017，13（1）.

表 6-2　科技研究和开发指标

指标	定义	选项
重要性	从科学技术和社会两方面综合考察	
不确定性	技术研发中包含很多不确定性随机因素，可能承担开发失败风险	从非常高/高/低/非常低中选一个
非连续性	研究开发成果不单是现状的延伸，还具有打破市场格局的可能性、颠覆性	将答案数量化，并计算评分（非常高 4 分，高 3 分，低 2 分，非常低 1 分）
伦理性	研发中需要考虑伦理性和社会可接受度	
全球竞争力	日本与其他国家相比具有的竞争能力	

资料来源：表中内容根据张峰、邝岩（2016）的研究整理。

表 6-3　技术实现时间指标

指标	定义	选项
实验室实现时间	技术在包括日本在内的世界某一地区实现的时间；技术具有预期性能，准备进入实施时期；科技理论或现象的基本原理已经建立	从"已经实现/将会实现/无法实现/不知道"四个选项中选一个 如果回答"将会实现"，则要回答实现的时间（在 2015~2050 年间选择）
社会应用时间	在日本或以日本为主体的国际社会中应用的时期；实现技术应用于产品和服务中的时期；如为科学技术以外的课题，则是建立制度、确立伦理规范、形成价值观、达成社会协议的时期	将会实现和无法实现是指 2050 年前能否实现

资料来源：表中内容根据张峰、邝岩（2016）的研究整理。

表 6-4　重点政策措施指标

指标	选项
促进技术实现重点采取的政策	从"人才战略/资源分配/内外协调与合作/环境治理/其他"五个选项中选一个
促进技术社会应用重点采取的政策	

资料来源：表中内容根据张峰、邝岩（2016）的研究整理。

二、美国技术预见活动

20 世纪 30 年代，美国国家研究理事会委托国家研究委员会开展"技术趋势和国家政策"的研究，旨在通过已存在的技术发展路径来推演未来趋势，从而为制定科技政策提供支撑。美国技术预见活动由此拉开序幕（周永春和李思一，1995）[①]，迄今为止大致经历了兴起、衰落和再兴起三个阶段。

（一）技术预见活动的兴起

"二战"结束不久，全球进入了冷战时期，美国为了保持经济的稳定增长和加强军事防卫，对新技术产生了巨大需求。在这样的背景下，预测科学技术体系未来发展情况引发了全社会的高度关注。美国联邦政府启动了科学技术长期发展规划的编制工作；与此同时，美国空军部创立的兰德公司也应运而生，开发创立了趋势外推法、技术增长曲线法、情景分析法和德尔菲法等一系列重要的技术预见方法（李健民，2002）[②]。由此可见，科学技术事业，特别是军事防卫的巨大现实需求有力地促进了技术预见活动在美国的兴起。

（二）技术预见活动的衰落

20 世纪 70 年代末，技术预见活动在美国开始出现明显的衰落迹象，其中最主要的原因是社会大众开始质疑被广泛用于技术预见过程的系统分析模型的有效性和可靠性，认为该方法存在过分复杂难以操作，提出的关键假设缺乏透明性等问题。此外，技术预见在美国的兴起主要是由军事领域对新技术的需求催生的，而"冷战"结束后，来自军方的技术预见需求骤减；再加上美国技术预见在其兴起阶段鲜有考虑"市场"因素，导致其不能够很好地满足冷战结束后制定科学技术长期发展规划以及支撑经济社会发展等现实需求（李健民，2002）。

---

① 周永春，李思一. 国家关键技术选择——新一轮技术优势争夺战 [M].北京：科学技术文献出版社，1995.

② 李健民. 全球技术预见大趋势 [M].上海：上海科学技术出版社，2002.

(三) 技术预见活动的再兴起

20 世纪 80 年代末, 信息科技革命在全球范围内初现端倪, 日本和西欧等发达国家和地区的迅速发展对美国的技术优势和经济竞争力造成了巨大威胁。美国政府开始意识到对科技战略和科技政策进行长远规划及定位的重要性, 并启动了 "国家关键技术" 研究。1990~2000 年, 由美国总统办公室专门成立的 "国家关键技术委员会" 每两年向总统和国会提交一份、共计四份 《国家关键技术报告》, 技术预见活动在美国再次兴起。如表 6-5 所示。

表 6-5　美国四次国家关键技术研究概况

次序	年份	主要贡献
第一次	1991	确定了国家关键技术的选择原则, 主要涉及国家需求、技术的重要性和关键性以及市场规模和多样性三大方面
第二次	1993	①提出将 "国家关键技术" 研究用于深刻理解技术的经济效益 ②建议不断完善并形成对于技术促进经济增长的一致、全面的认识, 并对技术与美国经济之间的作用关系展开连续性评估
第三次	1995	①提出了类似于百科全书式的关键技术清单, 并对筛选出的 100 多种关键技术进行了精确分类 ②提出了技术归类准则, 为后续国家关键技术选择提供了较为权威的参考标准
第四次	1998	①广泛征求产业界、私营部门等对于 "什么是关键技术" "哪些是关键技术" 等关键问题的看法, 改变了前三次研究几乎完全依赖于联邦机构或学术机构看法意见的 "不协调" 局面 ②采用与前三次报告不同的报告名称:《发生作用的新力量: 产业界对关键技术的看法》

资料来源: 根据 Wagner 和 Popper (2003) 的研究成果整理得到[1]。

(1) 国家关键技术的选择标准。美国国家关键技术选择最主要的依据是服务于国家竞争力的提升, 特别是促进美国与其

---

[1] Wagner C. S., Popper S. W. Identifying Critical Technologies in the United States: A Review of the Federal Effort [J]. Journal of Forecasting, 2003, 22 (2-3): 113-128.

主要贸易伙伴之间的贸易平衡,因此倾向于选择那些蕴含巨大商业化潜力的新兴技术。除此之外,能够支持国防系统的技术也是美国国家关键技术的考虑重点。然而,与欧盟、日本等国家和地区不同,美国国家关键技术的选择极少考虑到社会需求因素(Wagner & Popper,2003)。

表 6-6 对 1991 年美国第一次国家关键技术研究中确定的技术选择框架进行了整理和说明。

表 6-6 1991 年美国第一次国家关键技术研究确立的选择准则

基本准则		指标说明
国家需求	工业竞争能力	通过投放新产品,以及改进现有产品成本、质量和性能来提高美国全球市场竞争力的技术
	国防	通过改进国防武器装备的性能、成本、可靠性或生产能力来增强美国国防实力的技术
	能源保证	减少国外能源依赖性,降低能源成本或提高能源效率的技术
	生命质量	对全球范围内的卫生、福利和环境做出重大贡献的技术
重要性/关键性	领导市场的机会	在经济、国防等具有头等重要性的领域保持和发挥国家领导作用的技术
	性能/质量/生产能力的改进	通过促使现有产品和工艺发生革命性或渐进性改进来产生经济或军事效益的技术
	杠杆作用	政府研发投资刺激私人企业对商品化进行投资的潜力,或刺激其他技术、产品或市场成功的可能性
市场规模/多样性	易损性	该技术如别国而非美国独占,对美国的损害程度
	推动/推广	众多技术构成基础,或与国民经济众多部门密切联系的技术
	最大市场规模	通过扩大现有市场、创立新行业、产生资本或创造就业机会而对经济产生重大影响的技术

(2)国家关键技术的选择方法。与其他国家做法不同,美国在获取关键技术清单的过程中并未使用正式的预测方法或调查手段。其中最为典型的例子是,作为美国关键技术研究最重

要参与者之一的兰德公司，开发了德尔菲调查法，并被广泛应用于世界其他国家的技术选择过程中。然而，美国的国家关键技术研究却并未采用该方法。具体来说，前三次国家关键技术研究主要是依赖专家的知识和经验；而第四次则是采用了面对面访谈的方法，通过 14 个问题来邀请专家提出关键技术并描述上述技术发展的理想体系，以及提出政府应该如何构建基础设施来促进创新的建议（Wagner & Popper，2003）。

（3）国家关键技术研究的组织形式。美国国家关键技术委员会于 1990 年由美国总统办公室专门组建成立，负责国家关键技术研究的组织实施。关键技术委员会由 13 名科学和工程领域专家组成，分别来自政府部门（3 名）、私营部门和学术研究机构（6 名）、国防部（1 名）、能源部（1 名）、商务部（1 名）和国家航空航天局（1 名），其中政府、私营部门和学术研究机构的 9 名委员由科学和技术政策办公室主任指定（国家科委科技情报司，1991[①]；Wagner & Popper，2003）。除了第一次是技术和协会委员会外，剩下三次国家关键技术研究均由兰德公司主管的关键技术研究所具体实施，其中第二次主要负责组建专家组，第三次组织实施了调查报告的审阅和核查，第四次作为组织实施的主体完成了问卷设计、实地采访、意见征询以及报告撰写等多项工作（李健民，2002）。

第四次国家关键技术报告提交之后，技术预见活动继续在美国快速发展，并逐步形成一套较为完善的技术预见体系。兰德公司、汤森路透、美国战略与国际研究中心、麦肯锡、高德

---

① 国家科委科技情报司. 美国国家关键技术［R］. 航空航天科技情报研究所，1991.

纳等多家大型高端智库长期开展技术预见活动，先后发布了
《生物、纳米、材料及信息技术全球发展趋势 2015》（2001）、
《全球技术革命深度分析 2020》（2006）、《汤森路透预测 2025 年
全球十大创新点》（2014）、《国防 2045：为国防政策制定者评估
未来的安全环境及影响》（2015）等多份技术预见报告（方伟
等，2017）[①]，有力地推动了美国科技、经济和社会的发展。

三、德国技术预见活动

德国是欧洲较早开展技术预见活动的国家，自 20 世纪 90
年代至今已开展了数次技术预见活动，对未来科学技术走向以
及社会经济发展趋势进行了广泛的调查研究。根据技术预见体
系的发展程度，德国技术预见实践大致经历了三个阶段：技术
预见方法引进模仿阶段、自主技术预见体系逐步形成阶段以及
自主技术预见体系正式确立阶段。

（一）第一阶段：引进模仿日本技术预见方法

1992~1993 年，德国开展了第一次技术预见活动，涉及材料
和工艺、电子信息技术、生命科学、航天、物理、海洋和地球
科学、矿产和水资源、能源、环境技术、农林渔、生产、城市
建设建筑、通信技术、交通、医疗与保健、文化和生活方式共
16 个技术领域（《技术预测与国家关键技术选择》研究组，2001）[②]。
本次技术预见活动基本采用了日本第五次技术预见的实施方法，

---

① 方伟，曹学伟，高晓巍. 技术预测与技术预见：内涵、方法及实践 [J]. 全球科技经济瞭望，
2017，32（3）.
②《技术预测与国家关键技术选择》研究组. 从预见到选择技术预测的理论与实践 [M]. 北京：
北京出版社，2001.

将日本德尔菲调查问卷翻译成德文并开展相应德尔菲调查（王志玲，2008）[①]，研究成果整理形成德国德尔菲科技发展预测报告（1993）。该报告主要分为三大部分，分别介绍阐释了科技政策和德尔菲预测法、与日本调查结果的系统性比较发现、16个技术领域的预测结果等。本次技术预见活动引发了德国上下对于未来科技发展和关键技术走向的广泛关注和热烈讨论，但也由于照搬日本技术预见方法而未能彰显德国特色而遭到批评（《技术预测与国家关键技术选择》研究组，2001）。

（二）第二阶段：借鉴并逐步形成自主技术预见体系

1998年，德国实施了第三次技术预见活动，在引进借鉴日本技术预见方法的基础上进行改进和完善，突出了德国自身特色和关注重点。本次技术预见活动旨在通过广泛的调查研究来把握现状，预测科技发展未来走势，探寻应对措施，从而助力于国家综合竞争力的持续提升（李健民，2002）[②]。

本次技术预见活动由德国联邦教育科学研究技术部主持和整体把握，委托弗劳恩霍夫系统与创新研究所进行技术预见活动的具体组织、实施和协调。方法仍主要采用德尔菲调查，具体实施步骤包括确定研究任务和主要框架、选定技术领域、设计调查问卷、分析德尔菲调查结果以及撰写调查报告等。具体来说：

（1）研究任务和主要框架由德国联邦教育科学研究技术部根据科学技术走向以及经济社会发展趋势等提出并确定。

---

① 王志玲. 技术预见方法的比较及发展趋势研究 [R]. 全国科技情报工作研讨会，2008.
② 李健民. 全球技术预见大趋势 [M]. 上海：上海科学技术出版社，2002.

（2）技术领域由指导委员会负责选定。该委员会由德国联邦教育科学研究技术部于 1996 年成立，由来自企业、科教、基金会、社会科学研究、银行和大学等共计 9 人组成。根据研究任务和主要框架，本次预见活动共确定了信息与通信、服务与消费、管理与生产、化学与材料、健康与生命、农业与食品对未来有重大影响的 12 个领域。

（3）设计调查问卷、分析讨论德尔菲调查结果以及撰写调查报告三项任务由 6 个专业技术委员会负责。专业技术委员会是指导委员会的下设机构，由来自工业界、高校和其他机构等共约 100 人组成。本次技术预见活动中，为了能够更好地描述和确定跨领域问题，每个专业委员会负责 2 个领域。

（4）两轮德尔菲调查由弗劳恩霍夫系统与创新研究所具体组织实施。本次德尔菲调查对象为由来自企业、服务业、管理层、高校和研究机构等 2000 多名专家和专业技术人员组成的"咨询专家网络"。其中，第一轮德尔菲调查发放问卷 7000 多份，作答专家 2400 名；第二轮德尔菲调查在第一轮作答的 2400 名专家中进行，共有 1856 名专家作答，来源包括工业界（35%）、大学（35%）以及公共服务行业及私人公益研究机构（30%）等。如图 6-1 所示。

（三）第三阶段：德国自主技术预见体系正式确立

自 1999 年起，德国联邦教育研究部发起了"FUTUR"计划，旨在通过广泛的研究对话（FUTUR—The German Research Dialogue）来识别未来科学技术发展的优先领域。该方法将德尔菲法、情景分析法、课题研究和专题研究等多种方法有机结合并进一步发展，创建了具有本国特色、符合本国需求的德国自主

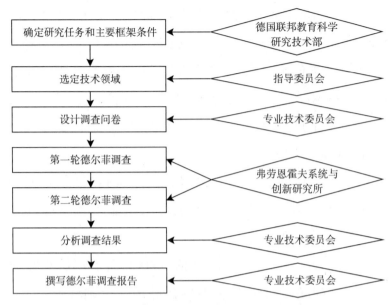

图6-1 1998年德国技术预见活动实施步骤及执行部门

技术预见方法体系（《技术预测与国家关键技术选择》研究组，2001；上海市科学学研究所，2009①）。

"FUTUR"计划的实施过程主要包括三个步骤：第一步是提出未来技术清单，形成未来社会经济需求愿景，并据此选择领域专家并组建协作网络。第二步是邀请专家学者加入研究对话机制，广泛征集和交换意见，利用德尔菲调查法、专家在线研讨和开放会议等多种途径确定未来发展趋势和相应的关键领域。第三步是提出行动建议方案并做相应的实施准备。

由于"FUTUR"计划参与者网络庞大，协同工作难度较高，高效的组织机制和明确的分工体系逐步形成，包括实施过程的监督者、协调全过程的决策者、具体执行管理和协调工作的机

---

① 上海市科学学研究所. 技术预见手册［M］. 上海：上海科学技术出版社，2009.

构以及各种媒体（《技术预测与国家关键技术选择》研究组，2001）。如图 6-2 所示。

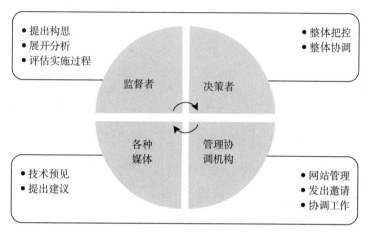

图 6-2 德国"FUTUR"活动的执行机构及相应职责

"FUTUR"计划标志着德国自主技术预见体系正式确立。自此之后，德国联邦教育研究部开展了 2007~2009 年为期 3 年的科学技术领域技术预见活动；2012~2014 年，德国联邦教育研究部再次围绕社会发展及挑战展开了技术预见活动，着眼于找出 2030 年之前德国将要面对的全球性社会挑战。

第三节　颠覆性创新的预见方法

当前，世界各国已普遍认识到颠覆性创新的重大意义，将发展颠覆性创新视为提升国家科技创新水平和赢得国际竞争优势的战略性选择。美国、日本、欧盟等全球发达国家和地区成立了专门的颠覆性创新研究机构，并逐步形成了常态化的研究机制，如美国的"未来颠覆性技术预测委员会"（CFFDT）和美国高级研究与发展组织内专设的"颠覆性技术办公室"（DTO），以及日本的"颠覆性技术计划"等，均有力地促进了国内颠覆性创新的发展。

颠覆性创新的预见是颠覆性研究的重要组成部分。然而，不少学者指出，通过对颠覆性创新的含义和特点的理论研究来预见颠覆性创新尚且缺乏有力的实证检验（Govindarajan & Kopalle，2006）[①]，较好的预测模型也较为少见（Tellis，2006）[②]。本书对相关文献进行梳理发现，学术界对于颠覆性创新的技术特征预见做了颇多有益尝试，即颠覆性技术的预见。预见方法主要是根据颠覆性创新的特点对一般性技术预见方法进行有针对性的改进，总体来说，可以归为如下四大类：

一、基于技术路线图的颠覆性创新预见方法

（一）方法描述

技术路线图法被视为预见颠覆性技术的有效工具，但由于颠覆性技术没有历史数据基础，演化路径十分复杂，且具有高度的不确定性，因此适用于持续性技术预见的路线图法直接用于颠覆性技术预见时会存在一些局限。对此，学者们在预见颠覆性技术的实践过程中，不断完善和发展传统技术路线图法，并逐步形成了如下两种思路：一是技术路线图与专家评价法或

---

① V. Govindarajan P., K. Kopalle. The Usefulness of Measuring Disruptiveness of Innovations Expost in Making Exante Prediction [J]. Journal of Product Innovation Management, 2006, 23 (1): 12–18.

② Tellis G. J. Disruptive Technology or Visionary Leadership? [J]. Journal of Product Innovation Management, 2006, 23 (1): 34.

德尔菲法、文本分析法、情景分析法等主观预见方法相结合进行颠覆性技术的预见；二是利用数据挖掘等客观分析手段支撑技术路线图方法。

Vojak 和 Chambers（2004）通过对历史案例进行分析提炼出颠覆性技术的规律性特征，并据此构建技术路线图用于识别潜在的颠覆性技术[①]。

Kostoff 等（2004）[②] 将技术路线图、文本挖掘法与专家评价法相结合预见颠覆性技术，其核心思路是从文献中挖掘出前沿技术和相关专家，再在此基础上组织领域内专家利用德尔菲法预见具有颠覆性潜力的技术，绘制技术路线图。具体实施步骤包括：①明确需要解决的问题。②根据问题采用文献挖掘法识别关键技术的内容。检索相关文献，选出与待解决问题密切相关且给出合理解决方案的文献，并将文献中的解决方法作为候选技术。③识别领域内专家。专家来源于与需要被解决问题直接相关者、检索出文献的相关作者等。④邀请专家召开研讨会，绘制技术路线图，预见颠覆性技术。

Carlsen 等（2010）[③] 提出了一种名为"多领域互动"(Multiple Expertise Interaction，MEI) 的复合型方法，将技术路线图、情景规划与德尔菲法三种方法有机结合起来进行颠覆性技术预见。该方法的核心假设是：颠覆性技术会引发一批迥异于目前已有

① B. A. Vojak, F. A. Chambers. Roadmapping Disruptive Technical Threats and Opportunities in Complex, Technology-based Subsystems: The SAILS Methodology [J]. Technological Forecasting & Social Change, 2004, 71 (1-2): 121-139.

② Kostoff R. N., Boylan R., Simons G. R. Science and Technology Test Mining: Disruptive Technology Roadmaps [J]. Technological Forecasting & Social Change, 2004, 71 (1-2): 141-159.

③ Carlsen H., et al. Assessing Socially Disruptive Technological Change [J]. Technology in Society, 2010, 32 (3): 209-218.

产品的技术产品产生，这些产品在不同的外部社会情景下会有不同的性状表现，而且这些产品又会反过来极大地变革外部社会。简而言之，颠覆性技术与外部社会之间存在一种共同演化过程，某一时刻的社会情景状态、与其相对应的技术产品以及二者之间的相互作用关系会对下一期的社会情景与技术产品产生显著的影响。因此，如果能够建立具体的函数关系式，同时给定社会情景和技术产品的初值，就可以推演出社会情景和技术产品的演化轨迹。然而，共同演化过程内在的不确定性导致具体函数形式无法获得，因此 MEI 构建了共同演化矩阵来描述共同演化过程，如表 6-7 所示。其中，Impact 1、Impact 2 和 Impact n 的值分别表示技术产品 A1 在社会情景 S1、S2 和 Sn 之下表现出的二者相互影响关系。

表 6-7　MEI 共同演化矩阵

	社会情景 S1	社会情景 S2	…	社会情景 Sn
技术产品 A1	Impact 1	Impact 2	…	Impact n

完整的 EMI 方法大致包括三大步骤：一是邀请技术专家利用技术路线图对需要评估的技术未来可能的发展方向进行判断，研究成果置于共同演化矩阵的第一列；邀请社会情景专家利用情境规划法等讨论给出数目合适、相互独立且与被研究技术密切相关的社会情景，并将其放置在共同演化矩阵的第一行。二是通过共同影响矩阵将技术产品与社会情景有机结合，邀请专家利用自身知识和经验推演合理的因果关系链条，输入技术产品和社会情景的初始值，模拟二者的演化过程，形成多条可能且稳定的演化路径。三是利用德尔菲法最终确定演化路径，即

识别颠覆性技术。

Kim 等（2016）[①] 将未来数据作为预见颠覆性技术的数据来源，基于表征技术主题的关键词，通过文本挖掘、聚类计算、强度计算、信息可视化等手段依次架构关键词聚类图、关键词强度图、关键词关系图等，并据此绘制技术路线图，用于识别某项技术在未来颠覆性发展的早期弱信号。整个过程分为五个步骤（见图6-3）：

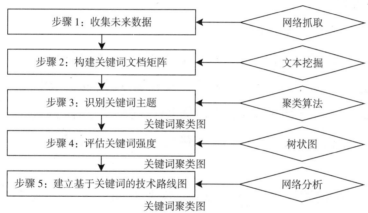

图6-3　技术路线图与数据挖掘法相结合预见颠覆性技术的实施步骤

（1）利用网络抓取技术收集未来数据。明确分析目标以及目标技术（或市场），识别并选择数据源，并利用数据抓取技术及时收集未来数据。

（2）构建可分析的关键词文档矩阵（KDM）。将数据处理成结构化形式，从关键词文档中提取关键词，并进一步消除无意义的关键词，从而得到精练的关键词集。

[①] J. Kim, Y. Park, Y. Lee. A Visual Scanning of Potential Disruptive Signals for Technology Roadmapping: Investigating Keyword Cluster, Intensity, and Relationship in Futuristic Data [J]. Technology Analysis & Strategic Management, 2016 (1): 1-22.

（3）利用关键词聚类图识别主题。利用 SOFM 聚类算法对作为输入数据的关键词向量进行聚类处理，构建关键词聚类图，据此识别主题，发现未来技术的可颠覆性领域。

（4）利用关键词强度图评估各个主题的关键词强度。

（5）建立基于关键词的技术路线图。通过建立关键词关系图最终得到基于关键词的技术路线图，以此反映具有潜在颠覆性技术的关键词信号强度与时间的关系，为预见未来颠覆性技术提供可能。

（二）方法的优势和劣势

基于技术路线图的颠覆性技术预见方法已得到了较为广泛的应用。该方法不仅充分发挥了技术路线图法在揭示结构关系和发展变化等方面清晰明了的优势，同时，其他技术预见方法的辅助应用也弥补了传统技术路线图法在预见颠覆性特征时的不足。

此方法的局限性主要表现在两个方面：一是实施过程需要庞大的人力、物力和财力投入，过程复杂，耗费时间长。二是技术路线图的制定以及德尔菲法、案例分析法等主观技术预见方法由于依赖主观判断，因此预见结果的科学性和准确性容易受到专家知识、经验、能力、利益等方面的影响。

二、基于模型分析法的颠覆性创新预见方法

（一）方法描述

利用模型分析法预见颠覆性创新就是按照一定的理论和准则构建相关模型，据此识别颠覆性创新。目前，较为常用的模型分析方法包括 TRIZ 理论、数据包络分析法（DEA）以及其他

数理模型等。

1. TRIZ 理论预见颠覆性创新

TRIZ 理论是由苏联发明家、教育家 G. S. Altshuller 和他的研究团队，通过分析大量专利和创新案例总结出来的，意译为发明问题的解决理论。根据 TRIZ 理论，产品进化规律满足 S 曲线，并进一步将产品性能随时间的变化情况用分段 S 曲线进行表示，划分为婴儿期、成长期、成熟期和退出期 4 个阶段（Altshuller，1984；Altshuller，1999)[1][2]。如图 6-4 所示。

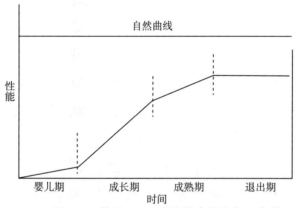

图 6-4 基于 TRIZ 理论的产品进化 S 曲线

一般来说，颠覆性技术不会在产品的婴儿期或成长期产生，这是因为产品技术的主流属性在该阶段的发展程度还不能满足顾客的需求。退出期同样也不会出现颠覆性技术，这是因为颠覆性技术产生的条件之一是持续性技术占据市场领导地位且为

① G. S. Altshuller. Creativity as an Exact Science: The Theoryof the Solution of Inventive Problems [M]. New York: Gordon and Breach Science Publishers, 1984.

② G. S. Altshuller. The Innovation Algorithm, TRIZ, Systematicinnovation and Technical Creativity [M]. Worcester: Technical Innovation Center, Inc., 1999.

了获得更高利润而放弃低端市场，颠覆性技术需要经过激烈竞争才能实现成功颠覆，这明显与逐渐衰败并退出市场的技术特征不符。由此可见，颠覆性技术只能产生于技术产品发展的成熟阶段（许泽浩等，2016）[①]。

因此，利用 TRIZ 理论预见颠覆性技术的基本思路是：通过分析持续性技术产品的发展阶段来识别颠覆性技术，通过技术成熟度指标来进一步确定产品在分段线性 S 曲线上的位置。在 TRIZ 理论中，技术成熟度的评价因子通常包括技术的专利级别、技术的专利数量、技术的性能、技术所获得的利润四个指标随时间（婴儿期、成长期、成熟期和退出期）变化的曲线（许泽浩等，2016）。

Sun 和 Gao 等（2008）[②] 基于技术演化规律构建 TRIZ 理论模型，并从技术成熟度、技术成套化、能量转化效率、协调性、动态进化性、技术性能、技术性能突破性几个方面判定相对于主流技术落后的技术，并进一步找出其中使用方便、价格低廉的技术并对其未来发展前景进行预测，由此判别这种技术是否可能在潜在新市场产生颠覆性创新。

2. 数据包络分析（DEA）预见颠覆性创新

数据包络分析法（DEA）是一种评价多输入—多产出的同类决策单元（DMU）之间相对有效性的系统分析方法，由著名的运筹学家 A.Charnes 和 W.Cooper 等基于相对效率概念发展起来。

---

① 许泽浩，张光宇，亢凯，王星羽. 基于 triz 理论的颠覆性技术选择环境研究 [J]. 工业工程，2016，19（4）.

② J. Sun, J. Gao, B. Yang, R. Tan. Achieving Disruptive Innovation Forecasting Potential Technologies Based upon Technical System Evolution by TRIZ. IEEE International Conference on Management of Innovation & Technology [M]. Bangkok：IEEE，2008.

该方法根据一组输入—输出观察值来估计有效生产前沿面，并根据各决策单元与此有效生产前沿面的距离来比较评价各决策单元之间的相对有效性。DEA 法不需要预先估计参数及指标权重等，避免了人为主观性所带来的偏差，也不受数据量纲的影响，因此发展成为一种具有广泛实用性的效率评价方法，在多个研究领域发挥着重要作用。

利用数据包络分析法预见颠覆性技术主要从"技术的单属性维度"和"技术的多属性维度"两个视角入手。其中，从技术单属性维度预见颠覆性技术主要通过判断该项技术是否处于投入产出的有效前沿面来识别技术的未来发展方向。从技术多属性维度预见颠覆性技术主要是将 DEA 与简单时间节点的技术路线图相结合，并由此通过探测技术在不同属性维度下呈现的演化路径对颠覆性技术进行识别（刘秋艳和吴新年，2017）。

Lim 和 Anderson（2016）[1] 以平板显示技术为例，将用户分为普通家庭组和技术用户组，根据两组用户对技术不同属性的偏好程度赋予各个属性不同的权重，并进一步通过 DEA 计算得出在普通家庭组属性维度下和在技术用户组属性维度下具有颠覆潜力的技术。

（二）方法的优势和劣势

模型分析法预见颠覆性创新具有方法形式多样、操作简单易行、实施周期较短和预见结果客观等优点。然而，该方法也存在一定的局限性：一是预见颠覆性创新是一个极其复杂的过

---

[1] D. J. Lim, T. R. Anderson. Technology Trajectory Mapping using Data Envelopment Analysis: The Ex ante Use of Disruptive Innovation Theory on Flat Panel Technologies [J]. R&D Management, 2016, 46 (5): 815–830.

程，如何将该过程进行模型化是一个极大的难题，而且模型构建和实现过程也会不可避免地受到主观成分的影响；二是模型实现过程所需数据的获取与处理过程存在较大难度，这将对预见结果的准确性产生极大的影响；三是受限于模型具体形式，颠覆性创新预见过程缺乏灵活性和全面性。

三、基于指标评价法的颠覆性创新预见方法

（一）方法描述

指标评价法通过建立多指标的评估框架来预见颠覆性创新。该方法已经被国内外学者越来越多地应用于颠覆性创新的预见工作中，并通过一定的技术实例验证了各自评价指标的有效性。总体看，目前用于预见颠覆性创新的指标主要涵盖技术、市场和外部环境三个层面。表 6-8 对现有文献中用于预见颠覆性创新的评价指标及其相对应的技术检验实例进行了整理与总结。

表 6-8　预见颠覆性创新的评价指标及验证实例

评价指标	研究学者	验证实例
技术层面		
技术性能突破	Govindarajan 和 Kopalle (2006)[①]	38 个世界 500 强企业的战略业务单元
	Keller 和 Hüsig （2009）[②]	软件行业
	Hang 和 Chen 等 （2010）[③]	移动电话

① V. Govindarajan, P. K. Kopalle. Disruptiveness of Innovations：Measurement and an Assessment of Reliability and Validity [J]. Strategic Management Journal, 2006, 27 (2)：189-199.

② A. Keller, S. Hüsig. Ex-ante Identification of Disruptive Innovations in the Software Industry Applied to Web Applications：The Case of Microsoft's vs. Google's Office Applications [J]. Technological Forecasting & Social Change, 2009, 76 (8)：1044-1054.

③ C. C. Hang, J. Chen, D. Yu. An Assessment Framework for Disruptive Innovation [J]. IEEE Engineering Management Review, 2013, 41 (5)：109-118.

续表

评价指标	研究学者	验证实例
技术性能突破	Gilman（2010）①	
	Collins 等（2011）②	软件行业
	Kaltencker 等（2013）③	软件行业的云计算技术
	Adams 等（2014）④	新能源领域
	Janke（2015）⑤	电子移动
	Jensen 等（2014）⑥	3D 打印技术
	吴集等（2015）⑦	军事领域
在位技术成熟度	Paap 和 Katz（2004）⑧	软硬盘技术的发展
	Keller 和 Hüsig（2009）	软件行业
	Ganguly 等（2010）⑨	线上音乐颠覆传统音乐
	Gilman（2010）	
	Arianfar 等（2012）⑩	手机市场的发展
	Kaltencker 等（2013）	软件行业的云计算技术
	Janke（2015）	电子移动

---

① G. Gilman. Persistent Forecasting of Disruptive Technologies［M］. Washington: Natlacademies Press, 2010.

② R. Collins, A. Hevner, R. Linger. Evaluating a Disruptive Innovation: Function Extraction Technology in Software Development［C］//2011 44th Hawaii International Conference on System Sciences (HICSS). Kauai: IEEE Computer Society, 2011.

③ N. Kaltencker, S. Huesig, T. Hess, M. Dowling. The Disruptivepotential of Software as a Service: Validation and Application of Anex−ante Methodology［C］// Proceedings of the ICIS 2013 International Conference on Information Systems. Milan: IEEE, 2013.

④ F. P. Adams, B. P. Bromley, M. Moore. Assessment of Disruptive Innovation in Emerging Energy Technologies［C］//Electrical Power and Energy Conference (EPEC). Calgary: IEEE.

⑤ Janke A. Identifying the Disruptive Potential of the Sustainable Innovation in the Case of E−mobility［C］// World Congress on Sustainable Technologies (WCST). London: IEEE, 2015.

⑥ S. Jensen, S. Tanev, F. Hahn. Disruptive Innovation vs. Disruptive Technology: The Disruptive Potential of the Value Propositions of 3D Printing Technology Startups［J］. Technology Innovation Management Review, 2014, 4（12）.

⑦ 吴集，沈雪石，赵海洋等. 颠覆性技术的发展与抢占新"三大革命"战略制高点［J］. 国防科技，2015, 36（3）.

⑧ J. Paap, R. Katz. Anticipating Disruptive Innovation［J］. Rsearch−technology Management, 2004, 47（5）: 13–22.

⑨ A. Ganguly, R. Nilchiani, J. V. Farr. Defining a Set of Metrics to Evaluate the Potential Disruptiveness of a Technology［J］. Engineering Management Journal, 2010, 22（1）: 34–44.

⑩ S. Arianfar, J. Kallenbach, H. Mitts, et al. Back to the Future−prediction of Incremental and Disruptive Innovations［M］. Finland: Aalto University Multidisciplinary Institute of Digitalization and Energy (MIDE), 2010.

续表

评价指标	研究学者	验证实例
技术期望效用	Paap 和 Katz（2004）	软硬盘技术的发展
	Ganguly 等（2010）	线上音乐颠覆传统音乐
	Arianfar 等（2012）	手机市场的发展
技术通用性	Keller 和 Hüsig（2009）	软件行业
	Gilman（2010）	
	Kaltencker 等（2013）	软件行业的云计算技术
	Janke（2015）	电子移动
技术可行性	Keller 和 Hüsig（2009）	软件行业
	Hang 和 Chen（2010）	移动电话
	Gilman（2010）	
	Collins 等（2011）	软件行业
	Kaltencker 等（2013）	软件行业的云计算技术
	Jensen 等（2014）	移动电话
	Janke（2015）	电子移动
	吴集等（2015）	军事领域
技术接受率	Keller 和 Hüsig（2009）	软件行业
	Ganguly 等（2010）	线上音乐颠覆传统音乐
	Gilman（2010）	
	Kaltencker 等（2013）	软件行业的云计算技术
	Janke（2015）	电子移动
技术潜在效益		
技术关注度		
技术前沿性	吴集（2015）等	军事领域
技术创新扩散		
创新技术支撑		
市场层面		
市场细分	Govindarajan 和 Kopalle（2006）	38 个世界 500 强企业的战略业务单元
	Ganguly 等（2010）	线上音乐颠覆传统音乐
	Adams 等（2014）	新能源领域

154

续表

评价指标	研究学者	验证实例
目标市场的差异性	Keller 和 Hüsig（2009）	软件行业
	Gilman（2010）	
	Kaltencker 等（2013）	软件行业的云计算技术
	Jensen 等（2014）	3D 打印技术
外部环境		
外部环境因素变化	Arianfar 等（2012）	手机市场的发展
	Janke（2015）	电子移动
外部因素协调性	Keller 和 Hüsig（2009）	软件行业
	Gilman（2010）	
	Kaltencker 等（2013）	软件行业的云计算技术
	Janke（2015）	电子移动
政府政策	Hang 和 Chen（2010）	移动电话
	Collins 等（2011）	软件行业
	Jensen 等（2014）	移动电话

表 6-9 对上述在颠覆性创新预见中较为常用的评价指标进行了解释。

表 6-9　预见颠覆性创新的评价指标解释

	评价指标	指标解释
技术层面	技术性能突破	反映某项技术是否引入了新的技术性能或者发展了被主流技术忽略的已有性能
	在位技术成熟度	反映主流技术发展的成熟程度
	技术的期望效用	反映某项技术的有用程度
	技术通用性	根据使用者的学习和获取难度，以及现有技术网络或标准对该项技术的兼容程度来反映某项技术的大众化程度
	技术可行性	从理论科学性、资源获取性、投入实际应用的周期性等角度反映某项技术的可行程度
	技术接受率	从使用难度和有用程度两方面来反映某项新技术的市场接受程度
市场层面	市场细分	基于一定的标准对市场客户群进行划分
	目标市场的差异性	潜在颠覆性技术与主流技术在市场定位和目标消费者群体上存在的差异性

（二）方法的优势和劣势

指标评价法将复杂的颠覆性创新预见过程指标化，与围绕技术路线图展开的预见方法相比，易于理解，方便操作，节约时间；与基于模型的预见方法相比，实施步骤简易，考虑更加全面。

然而，该方法目前也存在一定局限性：一是部分评价指标难以度量，所需数据获取难度较大，增加了颠覆性创新预见过程的实施难度，影响了预见结果的准确性；二是评价指标体系各异，具有不同的目的性和侧重点，难以形成普适性的评估指标体系；三是一些评价体系仅能用于颠覆性技术的事后评价，虽然对于理解颠覆性技术提供了一定的帮助，但对于预见颠覆性创新的出现成效甚微。

四、基于科学计量法的颠覆性创新预见方法

（一）方法描述

科学计量法主要包括引文分析、词频分析、文献分析、专利分析、科学知识图谱分析等方法，是从客观角度预见颠覆性创新的重要手段。其中，专利分析法和文献分析法在颠覆性创新预见中运用较多，即以专利或科学论文作为数据源，利用文本挖掘、数据处理等手段，按照一定的评判标准或指标来识别颠覆性创新。

基于专利或论文数据预见颠覆性创新主要包括三个步骤：一是获取并收集专利或文献数据；二是基于颠覆性创新的评判指标对专利或文献数据进行处理；三是通过将处理后的专利或文献数据与评判标准相比较识别颠覆性创新。

根据上述利用专利或科学论文数据预见颠覆性创新的一般性步骤，Bloodworth（2012）[①] 基于文献数据，利用内容分析法和单因素方差分析法进行数据处理分析，以"具有颠覆性潜力的技术与主流技术的技术关键属性集随时间变化的差异性"作为判断指标，开展基于科学计量法的颠覆性创新预见活动，并通过对传统 BI 技术和具有颠覆性的新的 Saas BI 技术的对比来验证方法的可行性。中国学者黄鲁成和成雨等（2015）[②] 利用专利文本信息，综合采用文本挖掘、物种入侵算法、集对分析等多种处理手段，将"属性集在新技术出现前后的差异度"作为判定依据，进行基于科学计量法的颠覆性技术预见活动，并通过锂电池领域的石墨烯技术对方法的可行性进行实证验证。

（二）方法的优势和劣势

利用科学计量法预见颠覆性创新的优势主要体现在能够较为充分地挖掘蕴含在论文和专利中的丰富信息，并据此对颠覆性创新进行更加客观、有效的预见。该方法的不足体现在：一是依靠论文或专利等单一数据源，往往会造成信息的不完整；二是主要从技术的视角预见颠覆性创新，而对其他引发颠覆性创新的影响因素考虑不足。上述两点局限性都会导致无法全面而准确地识别颠覆性创新。

---

① I. Bloodworth. A Search for Discriminative Iinguistic Makers in ICT Practitioner Discourse，for the Ex‐ante Identification of Disruptive Innovation ［D］. New Zealand：Victoria University of Wellington，2012.

② 黄鲁成，成雨，吴菲菲，苗红，李欣. 关于颠覆性技术识别框架的探索 ［J］. 科学学研究，2015，33（5）：654–664.

第七章
促进颠覆性技术发展的政策建议

第一节 以功能性政策促进颠覆性技术发展

一、传统的选择性政策不能适应颠覆性技术发展的需要

当前，中国的产业技术政策与技术创新政策主要以选择性政策为主导，以功能性政策为辅助，侧重于选择特定的技术路线、特定的新产品、特定的企业进行重点扶持，特别是会选择制约产业发展的重大关键技术以及关键节点，通过设立重大项目组织研究力量来重点突破。这种选择性的政策，在传统技术领域追赶过程中有一定的合理性。因为，在传统领域技术已经比较成熟，技术路线是相对明确的，通过借鉴发达国家经验，也相对容易找出制约技术发展的关键环节。如果机制安排与组织实施得当，可以在一定程度上促进或加快重大技术或者关键

技术的发展。但是，这种政策模式不符合颠覆性技术创新及其发展的特征与规律，促进颠覆性技术的发展需要调整技术与创新政策的取向及模式。

颠覆性技术创新具有高度不确定性、依赖科学与通用技术的突破、跨多个技术领域与长期积累性的特征。颠覆性技术位于科学技术与产业技术的最前沿，在颠覆性技术创新领域已经没有可供借鉴的发达国家成熟经验，面临着与发达国家同样的高度不确定性，未来的主导技术路线、技术及相关产业发展中的关键环节、技术的应用范围、最先实现的应用性突破等都是高度不确定的，由颠覆性技术发展所带来的产业、市场、业态、生产方式与组织方式也是具有高度不确定性的，这就使得政府部门难以确知未来哪些技术路线、哪些产品、哪些具体应用会成为主导，也难以确知在某一技术路线中的关键技术环节、关键企业在哪儿，这使得基于传统产业发展经验的选择性（技术或产业）政策的有效性受到严重制约。

同时，颠覆性技术创新具有依赖科学与通用技术的突破、跨多个技术领域与长期积累性的特征，也就是说，颠覆性技术发展常常依赖多个学科的知识发展，特别是依赖多个领域科学或通用技术的突破，这种多领域、多学科的发展与突破往往是长期积累的结果。这些特征使得试图通过选择特定技术环节进行重大攻关来实现颠覆性技术重大突破的选择性政策，不能作为促进颠覆性技术创新的主导因素。

二、发展颠覆性技术需调整政策取向

功能性技术（或创新）政策本质是为各类创新主体的创新

活动提供良好的框架条件，这一框架条件包括促进颠覆性技术基础发展所需的良好的制度环境、公共基础设施及公共服务、促进各创新主体交流与合作的制度与政策安排、对于科学研究与创新活动的普遍性支持。颠覆性技术的突破往往还会带来商业模式、组织模式、创新模式的巨大改变，而原有的某些制度安排常常会阻碍这种改变，从而阻碍颠覆性技术的发展，这时需要政府根据市场经济的基本准则调整相应制度安排，扩展市场的作用范围，顺应颠覆性技术及相关产业发展的要求。

促进颠覆性技术发展，需要加快推动产业技术政策及创新政策的转型，构建以功能性产业政策为主导、选择性政策为辅助的政策体系。颠覆性技术创新的四个特征，要求政府有效促进颠覆性技术发展必须将政策重点放在构建激励创新的制度体系、构建完善的国家创新体系、大力支持基础科学与通用技术的研究开发等方面，而这正是功能性产业政策的主要内容。对于当前中国而言，促进颠覆性技术发展更为迫切地需要实施功能性政策。

首先，我国基础制度仍不健全，不利于激励创新，迫切需要进行制度上调整与完善。①知识产权制度及其执行机制仍存在根本缺陷，对于知识产权保护的力度不够，知识产权管理程序复杂，知识产权市场化程度低且评估作价困难，成功的创新者难以通过其创新成果获得合理回报，严重降低了企业技术创新的动力。②金融体制改革滞后，资本市场发育不足，缺乏风险投资的生成机制与退出机制，风险分担机制不健全，创新融资困难，进一步影响了市场主体创新和创业的意愿。③市场经济基础法律制度（如公司法、合同法等）及执行机制仍存在不小的缺陷，这使得产、学、研在合作研发，企业之间进行合作研发，高校、研究机构在科研成果转化或转移等过程中，各方在协商利益分享时，面临非常高的谈判成本与契约执行成本，严重影响产、学、研合作的深度与广度，妨碍创新成果顺利转化和转移，并降低各创新主体创新意愿。

其次，政策部门主导创新资源配置，扭曲企业创新行为，严重影响创新效率，这种政策模式迫切需要调整。中国的技术（或创新）政策具有很强的选择性特征，政府部门通过这种选择性的创新政策主导着创新资源的配置，然而政策部门作为面临严重信息约束的政策制定者，实际上无法选择应该发展或者不应该发展的产品、技术及技术路线，更无法选择颠覆性技术的发展路径与关键环节，只能通过市场主体分散创新试验以及市场竞争选择来发现。一方面，这使得企业等创新主体更多按照政策部门的选择，而不是根据自身对未来市场与技术发展趋势的判断来选择具体创新方向与创新路线，这在很大程度上造成技术创新与市场脱节，甚至还导致许多企业为获得产业政策支持在指定的技术路线上进行低水平、重复性的研发活动；另一方面，这种政策模式还会诱使企业为获取国家给予的研发经费与补贴，释放虚假信息申报各种政府资助，甚至还诱发了政策部门的创租与经济主体的寻租行为，降低整个社会的创新效率①。

最后，当前中国与创新相关的公共基础设施、公共服务体系等方面还很不完善，制约着整个创新体系创新能力的提升，促进颠覆性技术发展迫切需要改变这种局面。当前中国国家实

---

① 张杰，周晓艳，李勇. 要素市场扭曲抑制了中国企业 R&D？[J]. 经济研究，2011（8）.

验室、重大科技设施建设、科技信息交流与共享平台、科技成果转化与转移平台、科技成果评估与交易平台、产学研合作创新平台等科技服务公共平台建设滞后，提供公共服务的能力及服务的质量与开放程度都亟待增强，在基础科学研究方面的投入相对不足。这些都亟须政府更好地发挥作用。总而言之，中国以功能性政策促进颠覆性技术的发展，重点应放在国家创新政策的优化和调整，完善国家创新体系，加强对于基础研究的支持，创新改革基础研究科技资金管理体制机制，构建更为科学的颠覆性技术预测机制等方面。

在某些战略性领域，仍可辅之以选择性政策，但在这些领域实施的选择性政策仍应更多采用功能性的政策工具与方法。在战略性领域实施选择性政策，是指国家应该在某些战略性领域予以一定的倾向性扶持，但倾向性扶持并不是说要选择这些领域中的特定技术路线、特定领域或者特定产业进行重点扶持，而是应当将政策资源导向战略领域的基础科学研究、公共服务体系建设、科技基础设施建设方面，即便是在战略性领域中，对于企业创新的资助也应该更多采取普惠的形式。

第二节 国家创新体系建设

国家创新体系是颠覆性技术创新涌现的土壤。推动颠覆性技术创新首先需要构建完善、高效的国家创新体系。在国家创新体系中，政府、学术界和产业界之间的三螺旋式关系网络，相互促进发展，动态推进创新①。各个角色也在创新中起到不一样的作用。企业是创新的主体，推动与发展创新；学术界最为重要的功能是人才和科学研究的储备池，提供创新技术的基础保障；政府为合作协调者，提供资金与非资金的激励措施，通过减少信息不对称、处理冲突从而促进合作，协同推动颠覆性技术创新与发展。

一、充分发挥大学在国家创新体系中的作用

构建完善、高效的国家创新体系，推动颠覆性创新，需要从以下几个方面入手：

首先，需要发挥好大学的核心功能。大学的基本功能是"人才培养""科学研究"和"服务社会"。其中，"人才培养"是大学最为核心功能。大学需要科学教育体系，为年轻的研究人员提供专业学习和训练的场所，为社会提供高质量创新研究人员。默顿在其著作《科学社会学——理论与实证研究》②中，对美国和日本 2000 多位科学家的调查与统计发现，年轻的研究人员为激进创新的发展提供了至关重要的贡献。这意味着，推动颠覆性创新，大学首先要发挥好人才培养的核心功能。

其次，"科学研究"除了推进社会技术进步以外，还是培养人才的重要途径，是教学的及时补充与更新。大学与其他科研机构或企业的区别在于，以学生为主要群体和对象，进行科研

---

① Etzkowitz, Henry and Loet Leydesdorff. The Dynamics of Innovation: From National Systems and "Mode 2" to a Triple Helix of University-industry-government Relations [J]. Research Policy, 2000, 29 (2).

② Merton, Robert K. The Sociology of Science: Theoretical and Empirical Investigations [M]. University of Chicago Press, 1973.

的同时仍以教书育人为首要功能。

最后，"服务社会"的功能则表现在为应对社会的多样性诉求，工程学院、企管学院、农学院等一系列除文理学院以外的学科在大学的设立，以及与行业相应的培养计划相继而出，"服务社会"功能通过"人才培养"和"科学研究"得以实现。

然而，三大功能的核心是"人才培养"。无论是"科学研究"还是"服务社会"功能，均不能独立于人才培养单独存在。我国大力鼓励大学科技成果转化的相关政策，过于强调"服务社会"功能直接创造的经济效益，而忽略了对其他两项基本功能"人才培养"和"科学研究"会产生的负面影响。理论研究和实践经验都表明，大学的功能首先是通过教育提升人力资本和通过基础研究推进知识前沿，其次才是通过科技成果转化直接服务于企业应用技术的发展。当前，在我国大学自身学术治理和评价机制尚未完善的背景下，中国过于注重科技成果转化政策对大学科研人员形成了过度商业化激励，研究人员面对科技成果商业化的"强激励"和固定工资的"弱激励"，倾向于投入更多精力在可以短时间创造经济利益的应用研究上，并寻求商业化途径，导致非教学性、非研究性活动增多。由于缺乏对教授商业性活动的明确规定或者规定流于形式，教授将主要精力投入创办和管理企业、学生为教授创办的企业打工，甚至教授向企业进行利益输送等现象较为普遍地存在，无法确保教授将主要的时间和精力投入科学研究和教学，已经对大学的科学研究功能和人才培养功能产生了不良影响。同时，它还会破坏学术研究的公共性和客观性，诱使科研人员过多地服务于为其提供经济利益的少数企业。因而，促进颠覆性创新，必须保障大学的核心功能，协调大学的基本功能，具体而言应从以下三个方面着手：

第一，在大学和企业之间建立有效的隔离机制。构建基础研究和应用研究之间的界限，尽量减少商业性活动对教师基础研究的干扰。学习借鉴国外研究型大学成熟的科技成果转化管理方式，建立学校统一的科技成果转化管理机构，对专利的申请、管理和授权许可进行统一管理，减少事务性工作对科研的干扰。对大学教师及其指导学生在企业的任职、工作时间等进行明确的限制，保证教师主要时间和精力对学术研究及教育的投入。

第二，进一步完善大学自身的学术治理和评价体制。包括在大幅提高高校科研人员固定收入水平和比例的基础上，增加基础研究的资金扶持力度，鼓励教师将更多的资源和精力投入基础研究，对从事基础研究的教师实行长周期考核甚至免考核的政策，加强科研项目的同行评价和学术成果评价。

第三，找到商业化激励与学术激励之间的最佳平衡。综合参考国外研究型大学的一般做法和我国高校的实际情况，在学校和教师之间对专利许可授权、转让获得的收益确定合理的分配比例，在提高教师科技成果转化积极性的同时，更好地发挥转化收益对科研的反哺作用[1]。

二、强化市场激励企业创新的内生机制

促进颠覆性创新，必须完善知识产权保护相关法律体系及其执行机制，以法治建立严格知识产权保护的长效机制。在国

---

① 贺俊. 促进科技成果转化不能损害大学的基本功能 [R]. 中国社会科学院工业经济研究所研究报告，2014.

家创新体系中，企业是创新的主体，但当前中国创新激励不足，企业科技创新动力仍相对缺乏。建设科技强国，促进颠覆性创新，应尤为重视知识产权的保护，形成强有力的知识产权保护是实现创新者利益、驱动市场主体创新最有力的制度工具。实践和理论都表明，知识产权保护是激励创新的最市场化的、最有效的、成本最低的制度安排。与各种降低研发成本的政府补贴和奖励等政策工具不同，知识产权是通过界定对创新的产权、形成创新收益预期来激励创新者开展研发投入，工程化、商业化等一系列的创新努力。与研发投入挂钩的各种补贴和税收优惠政策，其直接的经济效果是刺激研发投入，而不是创新。此外，这些政策都需要政府在创新实现以前预判谁是可能的成功创新者。结构性政策的这些固有的经济学缺陷决定了，补贴和优惠不应当也不可能成为实现创新者利益的主要工具。相比之下，一方面知识产权保护是奖励创新实现者，而不是创新投入者，另一方面知识产权保护是事后的奖励，不需要任何机构对创新者进行预判，更重要的是，对知识的产权界定使得知识可以在不同的创新者之间交易。目前学术界和政府都看到了培育高技术中小企业、促进高技术创业对经济发展的重要性。然而，只要有效的知识产权市场没有形成，中小企业和创业企业为了实现创新收益就必须完成从基础研究、产品开发到工程化和商业化的整个创新过程。而从国外的经验看，在 ICT 和生物医药等高技术产业领域，在技术市场将知识产权授权或转让给商业化能力更强的大企业以实现创新收益，是大量高技术中小企业和创业企业的主要盈利模式。因此，有力的知识产权保护是激发企业进行创新、有效选择创新者、形成分工合作的创新生态的最重要的制度条件。

强化市场对于企业创新的内生激励，还必须矫正当前创新的体制机制及政策上的缺陷。

第一，建立公平竞争的市场环境。一是要放松并逐渐取消不必要的审批、核准与准入，让不同所有制、不同规模的企业具有公平进入市场的权利；二是制定系统、完善的公平竞争法，切实保障各种所有制企业依法平等使用生产要素、公平参与市场竞争、受到法律同等保护，禁止大企业限制竞争或其他不公平竞争行为。

第二，加快要素市场化改革。改变土地等重要资源配置由政府主导的局面，让市场在要素资源的配置中发挥决定性作用。

第三，调整产业政策取向。中国产业政策习惯于挑选特定产业与特定企业给予种种优惠（补贴）政策，具有强烈干预市场与限制竞争的特征，中国应放弃这种产业政策模式，在政策取向上应从"干预微观经济和限制竞争"转为"放松管制与维护公平竞争"，政策重点也应转到为制造业创新能力与竞争力提升创造良好的市场与制度环境上。

三、构建完备的科技创新公共服务体系

当前中国的国家创新体系中，公共服务体系建设是尤为欠缺的一环。促进颠覆性创新，必须构建完备的科技创新公共服务体系。从美国、日本、德国、韩国等发达工业国家的成熟经验看，公共服务体系的经济功能主要是通过促进战略性技术、通用技术、共性技术的供给、扩散和应用，切实提升企业的技术创新能力。构建完备的科技创新公共服务体系，包括独立的

国家实验室、共性技术研发机构、技术扩散机构以及综合性中小企业公共服务体系。

国家布局和建立相对独立的、跨学科的、任务导向、长周期研究项目使命的国家实验室，其主要功能是围绕国家重大科技和产业发展使命，依靠跨学科、大协作和高强度资金支持开展协同创新和战略性研究。国家实验室在推动颠覆性创新方面具有关键性作用，这方面的典型代表是美国劳伦斯伯克利国家实验室[①]、布鲁克海文国家实验室、阿贡国家实验室等以及德国的亥姆霍兹研究中心。国家实验室在人事、财务和管理等方面都相对独立于大学或者所依托的学术研究机构，聚焦于任务导向型、战略性的前沿技术研究。国家实验室的研究成果通常应经过二三十年的积累和转化才能形成经济效益，因而应为长周期的研发。中国在构建国家实验室体系过程中，应该构建超脱部门利益的国家层面的统一协调和管理机构，真正实现跨机构的资源整合，充分保障国家实验室在学术和具体事务管理上的独立性和灵活性。国家层面主要管理实验室的设立、预算和评估，具体的科研、人事、财务等管理应该给予依托机构充分的自主权[②]。

针对当前我国共性技术研发机构存在的"公共性不够、服务能力不足"的问题，建议重点借鉴德国和中国台湾工研院的成熟经验。吸收海内外高层次人才，建设工业技术研究院。研究院采取"公私合作"的运营模式，运营经费大约1/3来自财

---

① 徐志玮.美国国家实验室的科研评估和启示——以美国劳伦斯伯克利国家实验室为例 [J].实验技术与管理，2014，31（1）.

② 钟少颖，梁尚鹏，聂晓伟.美国国防部资助的国家实验室管理模式研究 [J].中国科学院院刊，2016（11）.

政，1/3 来自政府的竞争性采购，1/3 来自市场。在治理机制方面，由技术专家、政府官员、企业家代表和学者共同组成的专业委员会作为最高决策机构，研究院最高管理者（主席）采取市场化公开招聘的方式，通过专业委员会和管理社会化减少政府的行政干预，保证研究院的高效运营和专业管理；研究院每年向社会发布翔实的年度运营报告，用于披露研究院的财务收支和业务活动，形成社会监督的机制。研究院研究人员收入宜以具有竞争力的固定报酬为主，项目收入仅作为研究人员的报酬补充，从而避免研究内容和项目设置的过度商业化；研究院的机构设置按照产业发展需求，而不是学科体系设置；研究人员的考评以社会贡献，而不是纯粹的学术成果为主，以此保证工研院研究成果的应用服务功能的实现。

建立全国性技术转移平台，促进先进适用技术的推广扩散。这个服务平台应集供需信息收集、信息咨询、技术咨询与技术服务、为企业寻求合作伙伴、交易项目的受理与评估、专利保护咨询等多种服务功能于一身，重点促进创新成果的转移与转化，并成为沟通官、产、学、研、用的重要桥梁。强化现有公共技术服务平台的考核与评估，促使其不断强化服务功能、提升其服务质量。加大公共技术服务平台建设投入力度，积极鼓励各类协会、研究机构、企业参与平台建设，多渠道获取平台建设与运营经费。

构建更加符合中小企业和高科技创业企业要求的公共服务体系。借鉴国外成熟的"公私合作模式"，加快中小企业综合性服务机构的建设，建立有效的服务机构运行机制。按照公益性公共服务、商业性公共服务和商业性个体服务适当分工、协调发展的原则，推动形成公益性公共服务政府采购，商业性公共服务政府补贴、机构合理盈利、企业合理付费，商业性个体服务市场化定价、政府有效监督的有利于中小企业服务体系可持续发展的运营机制。

第三节 国家创新政策的优化和协同

创新的演化是一个复杂的现象，颠覆性创新不是单一政策培育的结果，而是需要完善政策体系的协同推动。针对我国创新主体缺乏合作机会、立法不完善、创新网络断裂等问题，在动态的创新过程中，创新政策如何在各个创新阶段给予补充、如何制定相对匹配的政策成为重点。因此，完善和调整创新政策体系，不仅要从供给侧发力，同时也需要对需求侧政策进行精心设计，同时还要设计两侧互补互助通道，及设置相应的制度变革保障体系[1]（如图 7-1 所示）。

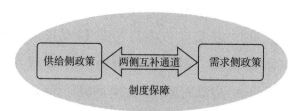

图 7-1 国家创新政策框架体系

---

① Steinmueller, W. Edward. Economics of Technology Policy [J]. Handbook of the Economics of Innovation, 2010 (2): 1181-1218.

供给侧的创新政策包括前文所提到的科技创新公共服务体系的建设，对于大学教育及基础研究的支持，对于企业研发活动的（一般）补贴，政府出资的风投基金，等等。需求侧政策则面对新的产品和服务，不会立即被市场接受的难题，引导市场从怀疑、抵制和警惕的态度中接受新的产品及服务，进而使新产品和新服务加速扩散。主要政策工具包括对于需求侧的补贴、政府采购等政策工具。但是在中国，无论供给侧的研发补贴政策与新兴产业投资的补贴政策，还是需求侧的补贴政策，都带来了较为严重的道德风险与政策扭曲，例如太阳能光伏及光伏发电产业、纯电动汽车产业领域的投资及需求侧补贴政策，带来较为严重的骗取补贴、产能过剩等方面的问题。

一、规范优化各类政府补贴及相应制度

无论从供给侧还是需求侧的角度来看，创新政策的优化调整必须规范补贴制度，完善研发、产业补贴的法律法规及制度，使其逐步走上法治化轨道。政策部门及立法部门应明确和完善财政补贴相关法律制度，明确补贴发放的条件、补贴水平和补贴的程序，以及补贴如何管理与评估。政府部门补贴的发放应公开透明，建立从政策发布、项目申报到审批以及验收的各个环节的公示与监督制度，积极推行财政对企业直接补贴的公示制度，对补贴企业的产品补贴、贷款补贴、税收补贴、基地建设补贴等补贴资金进行全方位公示，以充分发挥社会监督作用。

二、创新改革科技财政资金管理体制机制

第一，要推动科技财政资金分配、立项、评审等程序的公

开化、透明化，进一步提高科学基金评审程序的透明性，充分发挥社会监督的作用。

第二，建议采用国际上成熟的经验，对不同的创新单元采用不同的支持模式（张先恩，2017）。高校适合自由探索研究，主要通过竞争性渠道和国家重点实验室机制给予支持。而国家科研机构定位于战略性和长期性定向基础研究，适合预算性支持，且不宜再申请竞争性经费（应用性研究机构除外）。

第三，完善科学基金的同行评议制度。多管齐下，更准确地选择专家进行评审。科学基金项目主任及其他项目辅助管理人员需不断提高专业素养，特别是加强对本领域研究方向的理解和把握，熟悉该领域的专家。要更有效地保护非共识思想，专门设计一类项目，集中资助变革性研究建议书。

三、构建促进创新主体沟通交流与合作的体制机制与政策体系

在中国的创新政策体系中，促进创新主体各方的沟通交流及合作机制建设与政策方面存在不足。许多颠覆性技术的共同特征是其发展需要不同行业的专业知识和贡献。加强跨领域创新过程需要建立涉及不同利益相关者的技术平台。欧盟建立的"欧洲技术平台"作为工业方面利益相关者交流平台，负责在广泛的技术领域确定研究重点①。加快部署所需的颠覆性创新，欧盟已在生物经济、能源、环境、信息通信技术、生产流程和运输 6 个领域建立了 38 个平台，为促进面向创新的跨部门合作提

---

① Selhofer, Hannes, et al. Disruptive Innovation: Implications for Competitiveness and Innovation Policy [R]. 2012.

供了良好的基础设施与沟通机制，并在个别项目建立了公私合作试点，试图汇集来自不同行业的能力，从传统型创新转向"混合型"创新，提高技术和市场竞争力。

四、适时推动制度变革以促进颠覆性创新

制度变革亦是构建完善创新政策体系进而推进中的重要一环。创新政策在保护创造和发展创新的同时，也应兼顾打破既有市场结构的功能。两个功能相当于硬币的两面，相辅相成①。颠覆性创新意味着在位市场领先企业所持有的资源、技能和知识结构变得无关紧要，现有的专业知识和其他生产要素价值显著降低。由于在位企业高昂的沉没成本（尤其是跟政府关系密切的企业），使得企业更倾向于大力保留既有产品，常规业务行为很容易产生"核心僵化"②，通常在创新方面落后于初创企业。因此，新进入的企业更可能发展颠覆性创新，这些新企业一旦成功，将改变行业既定市场结构。在政策方面，如何打破在位企业市场结构和文化中的阻碍，是保护颠覆性思想的出现和生存的另一要素③。破坏现有的经济秩序是实现更有效竞争的一种方式，实际上为平衡竞争环境起到了关键作用，没有这样的政策，利基创新就不会导致颠覆性转型。同时，需要这样的政策来释放凯恩斯的激进创业精神，以及控制"动物精神"自然本能驱动对颠覆性创新的不利影响。

---

① Kivimaa, Paula and Florian Kern. Creative Destruction or Mere Niche Support? Innovation Policy Mixes for Sustainability Transitions [J]. Research Policy, 2016, 45 (1): 205–217.

② Leonard Barton, Dorothy. Core Capabilities and Core Rigidities: A Paradox in Managing New Product Development [J]. Strategic Management Journal, 1992, 13 (S1): 111–125.

③ Kern F., Smith A. Restructuring Energy Systems for Sustainability? Energy Transition Policy in the Netherlands [J]. Energy Policy, 2008 (36): 4093–4103.

政策同时应保障在转型期间新企业的进入及在位企业的转型或退出。产业升级期间新进入企业挑战既定政策的做法，除了推进颠覆性创新技术以外，同样为政策制定做出重要贡献①。在动态的创新过程中，没有一个固定的创新政策是最好的政策，政策需要限制机会主义，确保问责制度，记录经验教训，根据变化进行动态修订。

五、对落后技术及相关市场，政府应及时退出补贴

低端市场的颠覆性创新基本以吸引价格敏感的消费者为主，而高端市场的颠覆性创新则通常以新颖的方式进入，与现有的产品或服务竞争②。无论是哪一种颠覆性创新，其目的均在于用更便宜的价格，帮助更多的人。因此，政策制定部门应该避免因在位企业规模和现有经济效益等因素保护其市场，这些以"稳定"为诉求的政策措施削弱了人力资源和财政资源的有效流动，造成资源错配。这时，政府应及时退出补贴，关闭相应技术的研究项目和教育计划。英国政府长期支持核技术和培训，凸显了这一保护作用，导致英国清洁能源发展落后于欧洲其他国家。

六、政府在促进颠覆性创新过程中，还应发挥好监管职能

监管过程中，监管不善将带来意想不到的技术风险③，而监

---

① Christopoulos, Dimitris and Karin Ingold. Exceptional or Just Well Connected? Political Entrepreneurs and Brokers in Policy Making [J]. European Political Science Review, 2015, 7 (3): 475-498.

② Selhofer, Hannes, et al. Disruptive Innovation: Implications for Competitiveness and Innovation Policy [R]. 2012.

③ Bagley, Nicholas and Richard L. Revesz. Centralized Oversight of the Regulatory State [J]. Columbia Law Review, 2016 (1): 1260-1329.

管太严又将付出巨大的机会成本①。传统的监管手段在相对"完美信息"世界中的表现很好。而真实世界中，由于信息缺失、主观判断、政策扭曲等，则更大可能性出现"政策失灵"现象②。监管部门应适当延迟决策，等待更多的市场信息并保持最大的灵活性，同时应避免被利益集团影响决策③。尤其在颠覆性创新发生过程中，应降低政策管制，甚至有意破坏现有的市场参与者与市场结构，或者开辟新的平台绕过传统治理网络。例如荷兰的能源转换政策即是通过设立转型平台，明确地绕过了正常的能源政策制定过程④。

第四节　强化基础科学研究

基础研究是科技进步的基石。许多颠覆性技术的诞生与发展，都源自基础研究领域的重要突破，例如 20 世纪 60 年代，美国国防高等研究计划署、海军研究办公室等对原子光谱学研究的持续资助，造就了激光技术的产生和应用。发展颠覆性技术，需要有比较强的基础科学研究能力。基础科学对新技术的

---

① Noah, Lars. Assisted Reproductive Technologies and the Pitfalls of Unregulated Biomedical Innovation [J]. Fla. L. Rev., 2003 (55): 603.

② Hayek, Friedrich August. The Use of Knowledge in Society [J]. The American Economic Review, 1945 (1): 519–530.

③ Cortez, Nathan. Regulating Disruptive Innovation [J]. Berkeley Technology Law Journal, 2014, 29 (1): 176–228.

④ Kivimaa, Paula. Government –affiliated Intermediary Organisations as Actors in System –level Transitions [J]. Research Policy, 2014, 43 (8): 1370–1380.

产生与发展具有普遍和非线性的积极影响[①]。因此，与科技领域密切相关的研究并不会带来该领域的突破性创新，相反，当这些基础科学研究与领域外的行业相结合的时候，基础科学的好处就会显现出来[②]：参与先进基础科学的企业，从明星科学家那里吸收了激进科学知识的能力[③]，最终成就了颠覆性创新。因而，促进颠覆性创新，必须加大投入，强化基础科学研究，推动基础科学研究能力的持续提升。

一、进一步加大基础科学研究的投入

根据《中国科技统计年鉴》，2015 年我国基础研究经费支出占全社会研究经费支出的 5.05%。而美国为 19.0%，日本为 12.3%，英国为 11.3%。"欧盟地平线 2020"科研与创新规划中，基础研究预算为 244 亿欧元，而有关应用技术的预算为 170 亿欧元。近些年来，我国基础研究经费支出总量持续快速增长，但是基础研究经费支出占全社会研发经费支出的比重仍然比较低。

首先，要进一步加大财政资金对基础研究的支持，在科学技术公共财政支出中大幅提高基础研究支持资金的比重。2015 年，全国科学技术方面的公共财政支出为 5862.57 亿元，其中基础研究方面的投入为 550.91 亿元，占比不足 10%，应逐渐提升基础研究方面投入的占比，到 2020 年可考虑将基础研究方面的

---

① Nelson, Richard R. The Simple Economics of Basic Scientific Research [J]. Journal of Political Economy, 1959, 67 (3): 297-306.

② Tushman, Michael L. and Philip Anderson. Technological Discontinuities and Organizational Environments [J]. Administrative Science Quarterly, 1986 (1): 439-465.

③ Mindruta, Denisa. Value Creation in University Firm Research Collaborations: A Matching Approach [J]. Strategic Management Journal, 2013, 34 (6): 644-665.

占比提高至 30%。

其次，地方政府也应重视基础研究方面的财政支持。2015年，基础研究公共财政支出中，地方财政支出为 50.46 亿元，应鼓励地方政府加大基础研究方面的财政投入，对于地方政府的基础研究财政投入，中央政府可适当予以配套支持。

最后，通过政策杠杆，引导企业实质性加强原始创新研究。对于企业在基础研究方面的费用，可考虑给予更为优惠的加计扣除政策；对于企业与高校（或科研院所）基础研究与经济目标相结合的协同创新项目，可予以一定的财政资金支持，或更为优惠的税收减免政策。

二、建设国际领先的重大科技基础设施

重大科技基础设施，也称大科学装置，它的建设是国家科学技术基础能力建设的重要组成部分。建设科技强国，需要加强重大科技基础设施，即大科学装置建设，包括：重大基础科学专用装置，例如我国的正负电子对撞机、核聚变堆、专用空间科学卫星、天文望远镜等；重大应用型公共平台，比如同步辐射与自由电子激光装置、散裂中子源、超级计算中心等。这类装置的技术大部分来源于基础科学专用装置，如用于高能物理中的加速器等，为凝聚态物理、材料、环境、地质、生物等各方面的研究提供手段。此外，还应推动科研设施与现有科研基地的衔接，依托大科学装置等组织开展大科学问题研究。发挥我国体制优势，适时牵头提出并积极组织国际大科学计划和大科学工程，为解决人类共同面对的科学难题提出中国方案、贡献中国力量（叶玉江等，2017）。

第五节　构建更为有效的颠覆性技术预测机制

近年来，美国围绕"颠覆性技术"的预测进行了一系列研究，包括美国空军研究委员会（AFSB）的《"颠覆性技术"的持续监视》（2009），美国国家研究理事会（NRC）未来颠覆性技术预测委员会（CFFDT）的《颠覆性技术的持续预测》（2009，2010），国防技术信息中心（DTIC）的《识别颠覆性技术》（2010）等。历史上的颠覆性创新技术的出现，很少是通过计划来实现的。然而，通过相关因素的分析，我们可以进行一些合理预测。

借鉴日本的经验，为基础研究领域编制国家技术战略图，并以此为基础对于颠覆性技术进行持续预测。基础研究领域的国家技术战略图及颠覆性技术预测，每年进行修订，通过时间轴的方式，对关键技术的进程进行描述，帮助相关人员理解研究全貌，以期更好地进行颠覆性预测。应用科技部与发改委共同组建技术战略图编制与颠覆性技术预测机构，组织政府、产业界和学术界专家编制与预测。进行技术战略图编制及颠覆性技术预测时，应根据领域划分并包括所有重要领域，每个领域成立"产学官"专家联合工作小组。在编制技术战略及预测颠覆性技术时，需要更为关注制定技术战略图及预测颠覆性技术的过程本身，因为在这一过程中不仅可以形成对技术发展趋势的共识，更为重要的是可以形成学术界与产业界之间的知识互动，推动学术界与产业界之间、不同领域之间围绕技术未来发展方向及可能出现颠覆性技术的领域进行深入的交流和探讨。在这一过程中各种知识融合、知识扩展就会由此而产生，而这正是未来技术创新和与颠覆性技术发展的一个重要基础。还应推动国家技术战略图、学术研究路线图和企业内技术路线图三者之间的交流，这样可以形成从基础研究到开发、应用研究之间的双向知识流动，加快新知识产出的速度和广度[①]。

同时，配备对公众开放的综合技术战略图和技术预测系统的检索系统，进行研究进度追踪、数据分析、技术预测等作业，促进技术在基础研究与应用研究之间的双向交流，增加研发的速度和广度，为供给侧提供信息交流平台的同时，直接减少重复研究与资源浪费，并且也向需求侧宣传了未来的变化，促进研发投入。对颠覆性技术的投资，为了更好地指导研究方向，我国可学习日本颠覆性技术创新计划（IMPACT）项目经验[②]，设定一定研究主题，采取项目式管理，公开招聘研究项目经理，由项目经理招募研究人员，以构建最高水平的研究力量开展研发活动，并负责将研发成果转化为颠覆性创新。该模式与美国国家实验室的"政府所有、由承包机构运营"（Government-owned，Contractor-operated，GOCO）模式相似，其在美国取得了巨大的成功[③]。

---

① 刘湘丽. 日本技术战略图的分析与启示 [J]. 经济管理，2009 (9).
② 彭春燕. 日本设立颠覆性技术创新计划探索科技计划管理改革 [J]. 中国科技论坛，2015 (4).
③ 钟少颖，梁尚鹏，聂晓伟. 美国国防部资助的国家实验室管理模式研究 [J]. 中国科学院院刊，2016 (11).